Leo Slezak
Mein Lebensmärchen

SERIE PIPER
Band 924

Zu diesem Buch

In Rottach am Tegernsee verbrachte Leo Slezak, der »Erstbesteiger des hohen C von der böhmischen Seite« und Humorist aus Passion, die letzten Jahre vor seinem Tod. Hier diktierte er der geliebten Tochter Margarete sein »Lebensmärchen«. Slezak erinnert sich, wie er vom Gärtnerlehrling zum Tenor wurde, erzählt, wie ihn sein kometenhafter Aufstieg von Brünn über Breslau, Berlin, Wien und London nach Amerika führte. Berühmte Freunde und Kollegen Slezaks werden in diesem Buch lebendig: Hedwig Bleibtreu, Enrico Caruso, Gustav Mahler, Arturo Toscanini und viele andere. Slezaks Stärke ist »die Entzauberung des tenoralen Helden, das Zurückschrauben des Kunsttempel-Pathos auf allzu menschliches Maß« (Süddeutsche Zeitung).

Leo Slezak (1873–1946) war einer der größten Opernsänger seiner Zeit, Filmschauspieler und Buchautor.

Leo Slezak

Mein Lebensmärchen

Mit 42 Zeichnungen von
Franziska Bilek

Piper
München Zürich

ISBN 3-492-10924-1
Neuausgabe 1988
9. Auflage, 67.–71. Tausend Oktober 1988
(1. Auflage, 1.–5. Tausend dieser Ausgabe)

Umschlag: Federico Luci,
unter Verwendung einer Karikatur von Franziska Bilek
Satz: Graphische Kunstanstalt Jos. C. Huber KG, Diessen
Druck und Bindung: Clausen & Bosse, Leck
Printed in Germany

DEM ANDENKEN MEINER GELIEBTEN FRAU

... und Freud und Leid und Glück und Not
so miteinander tragen.
Vom ersten Kuß bis in den Tod
sich nur von Liebe sagen! –

VORWORT

Am 1. Juni 1946 ging mein Vater, Leo Slezak, von uns. Da ich das Glück hatte, bis zuletzt bei ihm und um ihn zu sein, ist es mir möglich, sein viertes und letztes Buch herauszugeben, an dem er noch bis drei Wochen vor seinem Tod arbeitete. Während seiner langen Krankheit hat er mit seinem Humor in der Schatzkiste seiner Erinnerungen gekramt. Und wenn sich abends ein kleiner Kreis von Gästen verschiedener Nationalität an seinem Bett zusammenfand, gab er mit bewundernswerter geistiger Frische in allen Sprachen kleine Geschichten und Witze zum besten.

Dies Buch heißt »Mein Lebensmärchen«, denn das Leben meines Vaters, seine überströmende Lebendigkeit, sein Künstlertum und sein Humor, der immer neue Erfindungen hervorzauberte - dazu seine rührende Bescheidenheit und Herzlichkeit (trotz seiner großen Erfolge in der ganzen Welt) -, all das wurde von den vielen Menschen, die ihm begegnet sind, als *märchenhaft* empfunden. So halte ich es für richtig, dem Buch diesen Titel zu geben, obwohl mein Vater diese Aufzeichnungen nicht mehr selbst abschließen konnte.

Ich war um ihn, als er ein Kapitel nach dem anderen skizzierte in der behaglichen Stille seines Wohnzimmers, in der blühenden Fülle des Gartens, wo die Bäume rauschen, die er selber pflanzte und wachsen sah. Ich sah seine Augen leuchten, wenn er von den schönen Tagen seines Lebens sprach, wie sie sich mit Tränen füllten, wenn er von längst dahingeschiedenen Freunden plauderte. Wir haben zusammen gelacht, wenn er in seiner Art komische Zeit=

genossen und Erlebnisse beschrieb. Und wenn ich es jetzt übernommen habe, seine Erinnerungen zusammenzustellen, höre ich immer noch seine klangvolle Stimme.

Was wir, seine Kinder, geworden sind, verdanken wir ihm und unserer geliebten Mutter, deren Tod für meinen Vater der tiefste Schmerz seines Alters war. Durch all seine Erzählungen ist die Verbundenheit mit seiner »Lisi« spürbar, und seine Hand schrieb die Widmung dieses seines letzten Buches an sie nieder. Wie sehr wünschte ich, daß er selbst es vollendet hätte.

An jenem strahlenden Sommermorgen ist mein lieber Vater in meinen Armen für immer eingeschlafen, abgeklärt und lächelnd im Glauben an das Wiedersehen mit seiner treuen Lebensgefährtin. An ihrer Seite haben wir ihn zur Ruhe gelegt.

Während ich diese Blätter zusammenfasse, wird alles, was er erlebte, wieder lebendig, seine Liebe und seine menschliche Güte.

So ist dies ein Ausklang und ein Gruß an die vielen, vielen Freunde, denen seine Gestalt vertraut und lieb war. Zugleich aber ist es sein eigener Dank für alle Freundschaft und Verehrung, mit der er in so überreichem Maße beschenkt wurde. Wenn er aus dem Himmel seiner Musik herunterschaut, wird er mit dem schalkhaften Schmunzeln, das er immer beim Plaudern hatte, Euch allen zuwinken und sagen:

»Wenn Ihr mir nun auch nicht mehr wie bei meinen anderen Büchern Briefe schreiben könnt, wie es Euch gefallen hat, so werde ich in meinem Wolkensessel sitzen, Euer Lachen wird mir wohltun, und ich werde wissen: Ihr habt mich nicht vergessen!«

Margarete Slezak

Erstes Kapitel

VOM GÄRTNERLEHRLING ZUM TENOR

Über meine Kindheit, die vorbildliche Art, wie ich die Schule absolvierte und von der Beliebtheit, der ich mich in dieser allgemein erfreute, habe ich ja in meinen Büchern schon erschöpfend berichtet. Das Herumstierln in Kindheitstagen ist höchst uninteressant und langweilig. Beim seligen Mozart ist das etwas anderes, der war ein Wunderkind und konnte Klavier spielen. Johann Sebastian Bach hat mit einem Schnuller im Mund schon Choräle und Fugen komponiert, daher war er als Kind erwähnenswert.

Ich war weder ein Wunderkind, noch konnte ich Klavier spielen, und das Komponieren von Chorälen mit dem Schnuller kam bei mir überhaupt nicht in Frage.

Als ich mit 14 Jahren aus der Realschule in Brünn demissioniert wurde, kam ich nach Gmunden am Traunsee zum Hofgärtner der Erzherzogin Elisabeth als Gärtnerlehrling. Der erzherzogliche Besitz lag auf einer Anhöhe, von einem großen Park umgeben, das Wirtschaftsgebäude und die Gärtnerei waren unten am See, in der Bucht von Ebenzweiher.

Der Park selbst war ein Wunderwerk gärtnerischer Kunst. Herrliche Rosengänge und Lauben, die vom Juni an mit hellrosa und knallroten Schlingrosen übersät waren. Rosenbäumchen, Rosenbeete, die seltensten Sorten in allen Farben und Formen, geschmackvoll in Gruppen zu je einer Farbe verteilt. Rosen, Rosen, überall Rosen, die vom Balkon der Villa einen überwältigenden Anblick boten und in warmen Juni= und Julinächten einen märchenhaft süßen Duft ausströmten.

Als die Ankunft Ihrer Kaiserlichen Hoheit angesagt war, kam von Wien ein Riesentroß Dienerschaft, unzählige Koffer, Kisten, Kochgeräte, Pferde, Equipagen und Wirtschaftswagen in verwirrender Menge.

Monsieur Armand, der erste Kammerdiener, ein Franzose, leitete alles, was in den Appartements zu geschehen hatte, mit einem Heer von Lakaien, Zofen und Putzfrauen. Sogar der k. k. Ofenheizer war mitgekommen. Im Hochsommer eine lächerliche Erscheinung.

Ein Rudel Köche und Küchenpersonal mit dem ersten Küchenchef Monsieur Kerneuil, auch einem Franzosen, an der Spitze, der aber so wunderbar Wienerisch sprach, daß man in ihm ruhig einen zurechtfrisierten Talmifranzosen erblicken konnte.

Eine besonders markante Erscheinung in der Flucht der dienstbaren Geister war der Leibkutscher Ihrer Kaiserlichen Hoheit, Mr. Kamnuth, ein Stockengländer, der schon dreißig Jahre im Dienste des Erzhauses stand. Ein wortkarger, unnahbarer Herr, der mit niemandem verkehrte und immer alleine blieb. Man munkelte, er habe vor vielen Jahren eine sehr schöne Gattin gehabt, die er innig liebte.

Er sei ein sehr froher und sonniger Mensch gewesen, bis er eines Tages seine Frau in den Armen eines jungen Offiziers überraschte. Von diesem Augenblick an schloß er sich von der Welt ab und fuhr verbittert auf seinem Kutscherbock durchs Leben. Er konnte trotz der vielen Jahre, die er in Wien lebte, nicht Deutsch. Jeden Morgen ging er durch den Stall und sah nach dem Rechten. Wenn er etwas Be=

anstandenswertes fand, zeigte er nur hin und sagte: »Look here!« Wenn dieses »Look here« drei- bis viermal nötig war, wurde der Mann entlassen.

Das wußte man. Es ging dann alles am Schnürchen, und der Pferdestall, die Remisen, Sattel- und Geschirrkammern waren eine Sehenswürdigkeit.

Von der Gärtnerei wurde eine Hilfskraft angefordert, voraussichtlich, weil noch zu wenig Leute da waren. Wir waren zwei Lehrjungen, ich aus Brünn und der Maxl Oberhuemer - ein Eingeborener. Maxl war im dritten Jahr seiner Lehrzeit schon ein tüchtiger und sehr geschickter Gärtner, der für den Herrn Hofgärtner schwer zu entbehren war. So wurde ich entsandt und meldete mich bei M. Armand als derjenige, welcher.

Ich mußte dieses und jenes dahin und dorthin stellen, das oder dieses holen, was ich dank meiner schon damals ins Auge fallenden Intelligenz vorbildlich löste. Da ich betont und übertrieben älplerischen Dialekt redete und mit: »Söll koost da denka« und »dös glabst« nur so herumwarf, scheine ich den Eindruck einer Art von Dorftrottel gemacht zu haben. Man hielt mich für blöd und ungefährlich, redete alles vor mir, und so bekam ich einen köstlichen Einblick in diese Hofdomestikenatmosphäre.

M. Armand, der erste Kammerdiener und stellvertretender Maître d'hôtel, war ein sehr feiner, gepflegter Mensch, auch schon viele Jahre in Diensten, schon bei weiland dem Herrn Erzherzog. Er war dem ihm untergebenen Personal gegenüber immer sehr liebenswürdig, aber reserviert Distanz haltend.

Am Tage der Ankunft der Erzherzogin stand der Viererzug im Stallhof mit vier weiteren Equipagen, die Ihre Hoheiten von der Bahn abholen sollten.

Mr. Kamnuth in schwarzen Seidenescarpins, weißen Strümpfen, Schnallenschuhen und einem Riesenfrack in Weinrot, der mit breiten Goldplätschen übernäht war, saß auf dem Bock, auf einer weißen Würstelperücke einen querstehenden Napoleonzweispitz, mit rechts und links herunterbaumelnden Quasten. Es wurden ihm die Zügel der vier Pferde gereicht, ein Lakai, ebenfalls in Weinrot, setzte sich neben ihn, und hinten am Wagen stellten sie einen weinrot befrackten Buben auf das dort angebrachte Brett. Die Pferde zogen bewundernswert gleichmäßig an. Der Wagen sauste davon und die anderen folgten ihm nach.

Als erster kam der Maître d'hôtel vorangefahren, um die Hoheiten zu empfangen und in ihre Gemächer zu geleiten. Dieser Maître d'hôtel war der Gottsöberste der ganzen Schammesblase. Er wurde Monsieur André genannt. Das Personal haßte ihn, weil er sich so aufspielte und, wo er konnte, Stunk machte. Ich erfuhr, daß er vor vielen Jahren als Stalljunge - als Groom - in den Marstall des Erzherzogs gekommen war, der an seiner Aufgewecktheit Gefallen fand, ihn nach Paris auf die Schule schickte und dann als Kammerdiener zu sich nahm. Von da ab hieß er André. Er soll seinerzeit Wastl Knaatscher geheißen haben und ein Bauernjunge aus Stadlau bei Wien gewesen sein.

Er sprach mit niemandem, und wenn er es tat, dann nur in abweisendem, befehlendem Ton. Er benahm sich wie ein Monument auf Radeln mit dem Gesichtsausdruck Friedrichs des Großen. Er lachte nie. Es hieß, daß er einmal im Monat aufs Döbbeljuzie lachen geht, damit war sein Anteil an Sonnigkeit erschöpft. - Er tat mir leid.

Ihre Kaiserliche Hoheit, die Frau Erzherzogin, war eine sehr leutselige, gütige alte Dame, die seit dem Ableben ihres Gatten immer nur in Schwarz gekleidet ging. Sie trug eine Maria-Stuarthaube, mit weißen Rüscheln, einen weißen, schmalen Halskragen und weiße Manschetten. Sie hatte zwei Töchter, die ledig blieben, schon überwuzelt, das heißt schon verblüht waren und sich ungewöhnlich fromm gebärdeten.

Dann war eine Hofdame da, eine alte Gräfin, die den ganzen Tag Handschuhe trug und immer mißbilligend blickte. Sie war stets unwirsch, nie wirsch, schnofelte beim Reden, auch wenn sie nicht Französisch sprach, stieß mit der Zunge an. Eine unangenehme Dame, die in jeder Walpurgisnacht Furore gemacht hätte.

Die Hoheiten umgaben sich mit einem Kreis von Aristokraten, die im Geruch einer gewissen Heiligkeit standen, aus deren Mitte ein Graf Sch. besonders hervorragte. Der war so bibelfest, daß er die profansten Gespräche mit Bibelversen umrahmen und gleichzeitig die Nummern dieser Verse und Kapitel hinzufügen konnte. Er sprach nur in salbungsvollem Ton, sah einem nie ins Gesicht, senkte immer den Blick demutsvoll zu Boden oder konnte so inbrünstig die Augen verdrehen, daß man nur das Weiße sah.

Sein Steckenpferd war die Abtötung der Fleischeslust. Das hinderte ihn aber nicht, in unbeobachteten Momenten eine hübsche Zofe irgendwohin zu zwicken, wo es ihr weh tat. Weil er schon ein alter Herr war, so beklagte man sich darüber und nannte ihn einen alten Saumagen.

Eines Abends sollte er von Ebenzweiher nach Gmunden gerudert werden. Ich war als besonders geschickt in der Behandlung des Traunerls, das mit einem langen, breiten Ruder stehend von rückwärts in Bewegung gesetzt wird, bekannt, mußte ich doch jeden Morgen das Gemüse und Obst nach Gmunden auf den Markt rudern. Der Hofgärtner riet ab, meinte, es komme böses Wetter, der Herr Graf möge doch lieber über Nacht bleiben und morgen früh fahren. Davon wollte dieser aber nichts wissen, also fuhren wir los.

Schwarze Wolken, Donnerrollen und ein verdächtiges Pfeifen waren unheimliche Vorzeichen. Es war 11 Uhr nachts, als ich den Herrn Grafen ans Land setzte, der sich anstatt mit einem guten Trinkgeld mit einem Zitat aus dem damals noch nicht komponierten »Evangelimann«: »Selig sind, die Verfolgung leiden« verabschiedete und meinem Boot einen Stoß gab.

Kaum war ich hinter Schloß Orth, ging die Hölle los. Da lernte ich zum erstenmal die Gefährlichkeit und Tücken eines Gebirgssees kennen. Der Sturm trieb mich weit vom Ufer weg mitten in den See, zum Traunstein hin. Blitze erhellten die unheimliche Finsternis, ich konnte nichts tun, als die Ruder einziehen, mich auf den Boden legen und mein Schicksal dem lieben Gott anvertrauen. Es wurde immer schlimmer, der Sturm heulte, ein Wolkenbruch

prasselte hernieder, Donner und Blitze wechselten in kürzesten Intervallen. Auf einmal war mir, als ob eine unsichtbare Gewalt mein Schifferl in die Höhe hebe. Es kippte um, ich lag im Wasser, meterhohe Wellen um mich. Nun dachte ich, meine letzte Stunde sei gekommen, betete zum lieben Gott um Hilfe aus dieser schweren Not und dachte an mein Elternhaus, besonders an meine geliebte Mutter, die mich doch so gern hatte. Da erhellte ein Blitz die Dunkelheit, ich sah mein umgekipptes Traunerl vor mir, erwischte ein Ende und hielt mich krampfhaft fest. Die aufgepeitschten Wellen warfen den Kahn aber so hin und her, daß ich jeden Augenblick befürchten mußte, losgerissen zu werden und meinen letzten Halt zu verlieren.

Endlos dauerte es, bis der Sturm ein wenig abebbte und die Gewalt des Gewitters nachließ. Eisig und erstarrt wurde mein Körper, eine grenzenlose Mattigkeit und Schwäche überfiel mich, die ich abwehren mußte, wenn ich durchhalten sollte. Allmählich ließ das Krachen des Donners und Heulen des Windes nach, und ich hörte vom Uhrturm des Schlosses Orth eine Viertelstunde nach der andern schlagen. Man glaubt nicht, wie lange so eine Viertelstunde dauern kann.

Als das Morgengrauen einsetzte, sein dämmriges, schattenhaftes Licht auf den See warf, sah ich von weitem drei Fischerboote, die zum Fang fuhren. Mit angstvollem Aufschrei rief ich um Hilfe. Man sah und hörte mich zuerst nicht und entfernte sich von mir. Endlich aber, nach wiederholtem und verzweifeltem Rufen entdeckten sie mich, zogen mich aus dem Wasser, legten mich ganz Erschöpften auf den Boden des Fischerbootes und nahmen mein umgedrehtes Traunerl ins Schlepptau. Ich war gerettet.

Es wurde immer heller, todesmatt brachten sie mich

nach Ebenzweiher. Die gute Frau Hofgärtner, die mich immer liebevoll bemutterte, brachte mich gleich zu Bett; ich bekam einen starken Kaffee mit Rum und schlief bis zum nächsten Tag tief und fest.

Als man dann später dem Grafen mitteilte, daß mich diese Fahrt nach Gmunden beinahe das Leben gekostet hätte, meinte er salbungsvoll: »Wir sind alle in Gottes Hand« und fand diese Aventüre sehr interessant.

Maxl und ich konnten sehr gut jodeln und hatten am Abend immer sehr viele Zuhörer. Da wurde uns von M. Armand befohlen, auf den See zu rudern und zu jodeln, die hohen Herrschaften säßen auf der Terrasse und hörten zu. Der Bibelgraf mahnte uns, weltliche Texte zu meiden und nur in jodelnden Harmlosigkeiten zu plätschern. Als wir sangen: »Frisch, allweil frisch, tirolerisch frisch, mei Dirndl am Schoß und a Geld auf'm Tisch«, sagte der Graf ganz entrüstet, wir sollen doch nichts derartig Triviales singen und in den Grenzen der Wohlanständigkeit bleiben. Da kriegte ich eine Wut - seit der bösen Nacht konnte ich den heiligen Kracher nicht mehr schmekken - und antwortete sehr respektlos: »Herr Graf, Kirchenchoräle kann man nicht jodeln; komm Maxl, i mag nimmer.« M. Armand schenkte mir einen Silbergulden, und ich wurde vom Personal in der Villa belobt, weil ich es diesem scheinheiligen Betbruder richtig gegeben habe.

Eines Tages kam, wie ein Blitz aus heiterem Himmel, die Nachricht, daß die Erzherzogin ihren Besitz verkauft und ihren Séjour auf ein anderes kaiserliches Schloß verlegt habe. Anfang September bekam der Hofgärtner die Kündigung, da es ein Privatbesitz Ihrer Kaiserlichen Hoheit war, mit dem Auftrag, alles für das Frühjahr zur Übergabe an den neuen Besitzer, einen Wiener Großin=

dustriellen, vorzubereiten und ab 1. Juni aus den erzherzoglichen Diensten zu treten. Da mein Vater die Wahl des Gärtnerberufes immer als absonderlich empfand, bekam ich den Auftrag, gleich nach Hause zu kommen und einen lukrativeren Beruf zu ergreifen.

Daheim war ich selig, meine geliebte Mutter wieder zu haben. Ich kam in die Lehre zu Bauschlossermeister Slivka in der Neugasse als Übergang, bis ich in die Maschinenfabrik Brand und L'Huillier eintreten konnte, deren erster Werkmeister ein Freund meines Vaters war.

Meine Schlosserlaufbahn habe ich in den »Sämtlichen Werken« nur kurz gestreift und möchte jetzt etwas mehr darüber sagen, da sie auch reich an Erlebnissen war. Ich war als junger Mensch sehr jähzornig, aber die hier folgende Episode hat mich ein für allemal geheilt. Es war die Aufgabe der Lehrbuben, zu den Brotzeiten wie Gabelfrühstück, Jause und bei Nachtschichten den Gesellen Bier, Wurst, Käse usw. zu holen. Im zweiten Jahr meiner Lehrzeit hatte ich mich schon zum qualifizierten Arbeiter entwickelt, was von meinem Werkmeister anerkannt wurde. Ich bekam sehr verantwortungsvolle Arbeiten zugeteilt, die ich gut löste, und wurde deshalb vom Bier- und Schnapsholen dispensiert.

Eines Tages wurde ein neuer Arbeiter eingestellt, der mich, als ich gerade eine heikle Präzisionsarbeit machte, anrief: »Mir bringst zwei Quargeln und um 4 Kreuzer Butter und ein Krügerl Bier.« Ich sagte ihm ganz ruhig, ich hole keine Brotzeit, er müsse schon jemand anderen schikken. Daraufhin gab mir der Arbeiter eine Ohrfeige.

Ich geriet derart in Wut, daß ich ihm meinen Hammer mit solcher Wucht nachwarf, daß er durch das Fenster flog und ein vorübergehendes Pferd am Auge schwer verletzte.

Welches Glück, daß ich nicht den Mann traf, sonst hätte ich einen Totschlag auf dem Gewissen.

Eine furchtbare Empörung erhob sich gegen mich, die so bedrohlich wurde, daß ich mit affenartiger Schnelligkeit an der Hebekrankette emporklettern mußte, um mich zu retten. Hammer, Meißel und Eisenstücke flogen mir nach, ohne mich zu treffen. Der Kranführer, der mir wohlwollte, zog rasch die Kette mit dem Hebehaken in die Höhe, damit man mir nicht nachklettern konnte, sonst würde man mich gelyncht haben. Es wurde die Polizei geholt, der Werkmeister, der mich sehr gern hatte, beruhigte die Leute, ich mußte hinunter und wurde ins Rathaus abgeführt, wo man mich verhörte.

Es war damals gerade ein strenges Gesetz erlassen worden, daß Soldaten und Lehrbuben nicht geschlagen werden dürfen. Ich beklagte meinen Jähzorn, aber schilderte das entehrende Gefühl, das ich bei dieser Mißhandlung empfunden hätte. Man verwarnte mich, und ich wurde, da ich erst 16 Jahre alt war, entlassen. Der Geselle wurde zu 48 Stunden Arrest, wegen Übertretung dieses Gesetzes, verurteilt und gleich dortbehalten.

Als ich wieder in die Montagehalle zurückkam, war die Stimmung zu meinen Gunsten umgeschlagen, und ich hatte von da ab meine Ruhe. Dank der Zuneigung meines Werkmeisters durfte ich alle Phasen des Maschinenbaues durchmachen und gewann so einen guten Einblick in den ganzen Betrieb, wie er wohl kaum vielen zuteil wurde.

Nachdem ich die Anfangsgründe der Schlosserei am Schraubstock kennengelernt hatte, kam ich erst in die Modelltischlerei, wo die Holzmodelle der Maschinenbestandteile für die Eisengießerei hergestellt wurden, dann in die Eisengießerei selbst.

In der Schmiede lernte ich den großen Hammer schwingen, was mir später, bei der Darstellung des jungen Siegfried, das Lob der Fachleute eintrug. Nur einmal, im Coventgarden Opernhaus in London, gab es eine unangenehme Episode. Der Theateramboß ist in zwei Teile gespalten, die mit einem Zapfen zusammengehalten werden, der an einer Schnur festgebunden ist. Wenn man den Zapfen herauszieht, fällt der Amboß auseinander, und Siegfried singt kraftgebläht: »So schneidet Siegfrieds Schwert.« Nun hatte der Arbeiter zu früh an der Strippe gezogen, und der Amboß fiel auseinander, als ich gerade das Schwert zum Schlagen erhoben hatte. Es wurde eine Lachsalve.

Doch zurück zum Maschinenbauer. Es folgte nun die Drehbank, Hobel-, Bohr- und Fräsmaschine und im dritten Jahr als Schluß die Reißplatte, der verantwortungsvollste Platz des Betriebes. Dort wurden die Maschinenbestandteile nach den in der Zeichnung angegebenen Maßen angezeichnet, angerissen, wie es in der Fachsprache heißt. Das erfordert erstens sehr gutes Beherrschen der Konstruktionszeichnungen und dann besonders gewissenhafte Genauigkeit, weil der Arbeiter nach den so angezeichneten Anrissen hobelt, fräst oder dreht und das Fehlen eines Millimeterbruchteils schon das ganze wertvolle Maschinenstück wertlos machen kann.

All das war mir sehr interessant, ich war mit Leib und Seele bei der Sache, bis - ja bis - das Theater kam.

Als ich drei Jahre gelernt hatte, wurde ich Geselle. Um einmal eine bessere Stellung im Leben einnehmen zu können, meldete ich mich in der Werkmeisterschule, einer Unterabteilung der höheren Gewerbeschule in Brünn.

Als Lehrbuben mußten wir dreimal wöchentlich in die Abendschule gehen, wo wir Sachen lernten, die wir im Leben niemals brauchen konnten, und wo wir uns nur zum Allotriatreiben zusammenfanden.

Ungefähr acht Tage vor meinem Freispruch - mein Gesellenstück hatte ich schon abgeliefert - beschlossen wir Kameraden, in einem Wettlauf festzustellen, wer am schnellsten in der Neugasse sei, wo wir alle wohnten. Ich war Sieger. Daheim angekommen, drehte ich die Wasserleitung auf, ließ das Wasser gut ablaufen, damit es ja nur recht kalt und frisch war, und trank ein großes Glas auf einen Zug aus. Am nächsten Morgen hatte ich eine schwere Lungenentzündung, die mich beinah erledigte.

Aber ich kam durch, und als ich das erstemal aufstand,

war ich im Bett um einen halben Meter gewachsen. Es war unwahrscheinlich, erschreckend. Ich konnte mich natürlich nicht auf den Beinen halten, mußte wieder gehen lernen, und da wir nichts zu essen hatten, sollte die katastrophale Unterernährung fast vollenden, was der Lungenentzündung nicht gelungen war.

Die Schwester meiner Mutter, die an einen Oberförster i. R. in Mährisch=Schönberg verheiratet war, nahm mich auf, gab mir kräftig zu essen und bewahrte mich so vor der unaufhaltbaren Auszehrung.

Im Herbst kam ich in die Werkmeisterschule, und mein Studium ließ sich vorerst ausgezeichnet an. Da lernte ich durch Zufall einen Chorsänger des Stadttheaters kennen, der mich im Laufe des Gesprächs einlud, doch einmal als Statist im Theater mitzumachen und mir das Leben hinter den Kulissen anzusehen. Die Sehnsucht nach dem Theater steckte tief in mir, obwohl ich doch nie Gelegenheit hatte, es zu besuchen und diese im Unterbewußtsein schwelende Glut zur hellodernden Flamme zu entfachen.

»Kinder, dieser Satz ist schön! Das mit der Glut und dem Entfachen der Flamme im schwelenden Unterbewußtsein müßt Ihr Euch merken.«

Wie eine Fügung Gottes war es. Beseligt ging ich noch am selben Abend ins Theater. Es wurde »Wallensteins Lager« gegeben. Man zog mir eine ungewöhnlich dreckige Landsknechtsuniform an. Ich sehe mich noch, wie diese armseligen Lumpen an meinem dünnen, langen Körper hin und her schlotterten und welch unbeschreiblich glücktrunkenes Gefühl ich hatte, als ich zum erstenmal Theaterluft atmen durfte. Alle meine Werkmeisterpläne und Maschinenbauerträume gingen in die Binsen. Mit Ach und Krach führte ich die Werkmeisterschule zu Ende.

Nun kam das Theater mit seiner alles unter seine Gewalt zwingenden Dämonie. Ich trat als Choreleve und Statist ein, bekam natürlich nichts bezahlt, denn, wenn ich nicht dagewesen wäre, hätte man mich sicher nicht vermißt. Ich war ein Loch in der Natur, aber ich gehörte dazu. Um 8 Uhr morgens war ich schon da und setzte mich zum Feuerwehrmann, nur um da zu sein. Um 9 Uhr begannen die Proben, da drückte ich mich bis nach der Vorstellung auf der finsteren Bühne herum. Dieses Nichtstun und den ganzen Tag ohne Ziel und Zweck Herumlungern war für einen so jungen Menschen eine gefährliche Sache. Aber der liebe Gott half mir, und es kam der Tag, an dem mein geliebter Lehrer Robinson meine Stimme entdeckte. Jetzt bekam das Leben Wert. Ich arbeitete fanatisch und wurde von meinem Lehrer und seiner edlen und engelsguten Gattin wie ein Kind aufgenommen.

In dieser Zeit schlossen sich einige begeisterte junge Menschen zu einem kleinen Zirkel zusammen, dem auch ich angehörte, und den sie den Klub »Edelweiß« nannten. Warum Klub oder gar »Edelweiß«, wußte niemand. Jeden Abend um 8 Uhr kamen wir Mitglieder im Hinterzimmer eines kleinen Gasthauses in der Neugasse zusammen, um dem Vergessen des so belämmerten Alltags zu frönen. Es war kein eingeschriebener Verein, sondern der Behörde als Stammtischgesellschaft bekanntgegeben. Der Zweck des Klubs war die Verfolgung hoher künstlerischer Ideale; besonders das Erzählen von jüdischen Witzen wurde gepflegt und ausgebaut.

Jeder von uns fühlte einen Drang in sich, Schauspieler, Musiker oder Dichter zu werden. Wir waren 16 Mitglieder, von diesen 10 Vollschnorrer, 2 Halbschnorrer und 4 auch arme Teufel, darunter der Präsident des Klubs, Sebastian

Vrtal, der auf den Namen Sebastian sehr stolz war, weil es einen Johann Sebastian Bach gegeben hat. Er trug sich mit dem Gedanken, auch noch den ihm fehlenden Johann vor seinen Namen zu setzen. Er war Verkäufer in der Drogerie »Zum schwarzen Hund«. Ich gab ihm den Titel eines Drogeriologen, was ihm sehr schmeichelte.

Der Gastwirt, Herr Bartoschek, war ein kleiner dicker Herr, erster Tenor beim Gesangverein »Halt die Goschen« in Kumrowitz bei Brünn, und hatte Freude an unserer Fröhlichkeit, unseren improvisierten Vorträgen und Deklamationen. Materielle Vorteile hatte er gar keine von uns, denn die Zechen, die wir machen konnten, waren gleich Null. Wenn sich einer von den »Wohlhabenden« ein Gulasch und ein Seidel Bier geben ließ, schauten wir andern weg, damit uns der Tantalus nicht quäle.

Oft erschien Herr Bartoschek mit einer Lage Fensterschwitz, zum Salamanderreiben, wie er sagte. Fensterschwitz war das billigste Bier und wunderbarste Abführmittel, welches, wenn es ein wenig abgestanden war, ruhig als subtropischer Klapperschlangenurin agnosziert werden konnte.

Wir sangen Studentenlieder, markierten Burschenherrlichkeit und Exkneipe, die der Drogeriologe leitete. »Gaudeamus igitur«, »Im schwarzen Walfisch zu Ascalon« und »Saecula, pocula, nulla« wurden geschmettert, wobei sich Herr Bartoschek als erster Tenor des Kumrowitzer Gesangvereins durch seine gellenden, außergewöhnlich penetranten Stimmittel unangenehm bemerkbar machte. Das bei den wirklichen Studenten so bekömmliche Sichhalbtotsaufen blieb aus finanztechnischen Gründen weg. Mitgliedsbeitrag waren 20 Kreuzer monatlich. Zehn Mitglieder waren wegen hoffnungsloser Stierität völlig befreit, zwei

auf 10 Kreuzer ermäßigt und vier zahlten den vollen Beitrag.

Auch ich entdeckte eine dichterische Ader in mir, machte humoristische Vorträge in Versen und Brünner Dialekt, Parodien und Couplets, die mein lieber Freund Mühlwas=ser in Musik setzte. Auch seriöse Lieder komponierte er. Das erste ernste Lied, das ich in meinem Leben sang: »Zu deinen Füßen will ich ruhn« war von ihm. Er war ein kleiner, bescheidener Beamter, ein rührender, armer, ver=sonnener Mensch, der in einem winzig kleinen Geschäft, wo nur ein Schreibtisch, Stuhl und Kasten Platz hatten, bei

Gaslicht 35 Jahre seines Lebens verbrachte. In diesem »Unternehmen« war er der einzige Angestellte, arbeitete für einen Schandlohn, dachte nicht ans Verdienen - er hatte ja seine Musik, sein Pianino daheim und lebte immer in einer anderen, schöneren Welt.

Wir drängten ihn, daß er doch endlich Gehaltserhöhung fordern solle, da er schon 10 Jahre für 40 Gulden monatlich schuftete. Endlich hatten wir ihn soweit. Niedergeschlagen kam er am Abend in den Klub: sein Chef habe gesagt, daß eine Erhöhung seiner Bezüge leider nicht möglich sei, weil das Geschäft so schlecht ginge, aber als Äquivalent für seine wertvollen Dienste ernenne er ihn zu seinem Prokuristen.

Er hatte sich inzwischen verheiratet, seine Gattin hatte etwas Geld mitbekommen, und als er sein 25jähriges Jubiläum in dem kleinen Kramladen feierte, bohrte seine Frau so lange, bis er sich wieder an seinen Chef um Gehaltsaufbesserung wandte. »Lieber und verehrter Jubilar«, meinte der Chef, »angesichts der geschäftlichen Lage ist an eine Gehaltsaufbesserung leider nicht zu denken, aber damit Sie zu Ihrem Jubiläum auch eine Freude haben, dürfen Sie zu mir, Ihrem Chef, ab ersten Januar ‚Du' sagen.«

35 Jahre hat es dieser bescheidene Mensch mit 40 Gulden Monatsgehalt in diesem trübseligen Kammerl ausgehalten und hat sich nie beklagt.

Wenn ich später nach Brünn gastieren kam und er mein Gast war, lebte er auf. In Konzerten sang ich immer als Zugabe sein Lied: »Zu deinen Füßen will ich ruhn«, davon zehrte er monatelang und war glücklich. Eines Tages wurde er so schwermütig, daß er in eine Heilanstalt bei Brünn gebracht werden mußte und bald darauf starb.

Dann hatten wir noch einen Zeitgenossen im Klub »Edelweiß«, einen kleinen Zollbeamten, welcher Schauspieler werden wollte, uns Franz Moor, Uriel Acosta, Narziß und Hamlet deklamierte, sich von seinem Jammerverdienst Perücken machen ließ, die er zum Vortrag in seinem Zivilanzug aufsetzte, weil er es für packender hielt. Er schrie wie ein Zahnbrecher. Da meinte ich schüchtern, denn er war schnell beleidigt und vertrug keinerlei Kritik: »Aber Karl, warum schreist du denn alles so uferlos, ohne zu modulieren, das ist doch nicht notwendig?« Da wies er mich ab mit den Worten: »Der Reimers vom Burgtheater schreit auch.«

Der Klub »Edelweiß« hat sich bald in seine chemischen Bestandteile aufgelöst, weil der Betrieb des Herrn Bartoschek an den Fensterschwitzspenden für das Salamanderreiben zugrunde gegangen ist. Das war für dieses Gastunternehmen eine zu schwere Belastung.

In meiner Jünglingszeit war in Brünn noch nichts von Nationalitätenhaß zu spüren. Deutsche und Tschechen lebten in Harmonie neben- und miteinander. Beide Sprachen waren Landessprache, die jeder Brünner bis zu einem gewissen Grade beherrschte. Erst die Politiker, Advokaten und Zeitungen, deutscher und tschechischer Prägung, die davon lebten, sich daran bereicherten, säten Zwiespalt in die Bevölkerung, vergifteten die Jugend, und auf einmal brannte es lichterloh. Die Studenten der Hochschulen provozierten sich gegenseitig, schlugen sich auf der Straße die Schädel ein. Es wurde ein Deutsches Haus gebaut, riesengroß und prunkvoll, gegen das der »Besedny dum«, das tschechische Vereinshaus, winzig und traurig wirkte, da ja das Kapital bei den Deutschen war.

Die großen und sehr reichen Tuchfabrikanten, die Intelligenz und Beamtenschaft waren deutsch, Brünn als das österreichische Manchester berühmt. Die Arbeiterschaft und primitivere Bevölkerung waren tschechisch und bis zur Einbeziehung aller umliegenden Dörfer zu einem Groß-Brünn wahltechnisch machtlos. Gift und Galle wurde auf beiden Seiten verspritzt, und einer sah in dem anderen seiner Sprache wegen einen Todfeind, der erschlagen werden mußte.

Es war für mich sehr traurig, da ich so gar keine Entschuldigung für diesen sinnlosen Haß aufbringen konnte. Als ich von meinem geliebten Lehrer, dem großen Künstler und gütigen Menschen Adolf Robinson entdeckt wurde, ging ich, um leben zu können, zum Militär. Über diese Militärzeit habe ich berichtet, es sind nur noch einige Kleinigkeiten nachzutragen, die euch, meine geliebten Kinder, euren Vater als epochalen Soldaten zeigen sollen.

Ich war für damalige Verhältnisse einer der schönsten Unteroffiziere des 17. Jägerbataillons in Brünn. Jetzt darf ich es ja sagen, daß ich keine Kampfnatur war und außergewöhnlich wenig Verständnis für den Heldentod hatte. Ich habe den ersten Weltkrieg nicht mitgemacht, man hat dieses antikriegerische Empfinden bei mir respektiert und mich bei den unzähligen Musterungen wegen Fettleibigkeit abgelehnt. Das war auch mit ein Grund, daß wir diesen Krieg damals nicht schon viel früher verloren haben. Solange ich beim Militär war, habe ich den strammen Soldaten herausgekehrt, einer kleinen Anekdote eingedenk: Einer sagt zum andern: Kusch, Jud. - Der andere: Ich bin stolz, daß ich ein Jud bin. - Wieso bist du da stolz? - Wenn ich nicht stolz bin, bin ich auch ein Jud, bin ich lieber stolz. - Wenn ich gezeigt hätte, wie mies mir vor der Soldatenspielerei war, hätte man das nicht besonders zur Kenntnis genommen, ich hätte ja doch Soldat bleiben müssen, also war ich stramm und zeigte mich bei jeder Unannehmlichkeit freudig bewegt.

Im Exerzierreglement erster und zweiter Teil war ich bewandert, wie ein Archäologe im seligen Pythagoras. Pythagoras, das war der, der den Skandal mit den beiden Kadetten und der Hypotenuse aufgedeckt und gebrandmarkt hat. Auch am Schießstand stellte ich meinen Mann, schnell hatte ich mir die große grüne Schützenschnur mit den vier Samtklankerln, einer Trillerpfeife und Kompaß, der allerdings nicht funktionierte, erschossen. Schneller als üblich wurde ich Unteroffizier. Meine strategischen Fähigkeiten waren im Bataillon bekannt und geschätzt, ebenso meine hervorragende Begabung für erfolgreiche Walddurchstreifungen. Das zeigte sich besonders einmal bei einer Nachtübung. Ich wurde mit einem Heeresaufgebot von sechs Mann ausgeschickt, am andern Ende des Waldes den Feind zu erkunden. Also ein rekognoszierendes Aufklärungsunternehmen, ein richtiggehender Spähtrupp. Da ich an einem ganz anderen Ende des Waldes herauskam, als ich hätte herauskommen sollen, bekam ich als Anerkennung acht Tage Kasernenarrest, und meine Mannen mußten vier Wochen hindurch sämtliche Aborte der ganzen Kaserne putzen.

Wir hatten damals Patronentaschen. Auf jeder Seite eine, die am Überschwung, dem Gürtel, derart günstig befestigt war, daß man sie nicht verlieren konnte. Wenn der Frühling kam, machten wir sechsmal in der Woche einen kühnen Angriff auf die Kozy Hora. Das ist ein ekelhaft steiler und ratzekahler Berg, zu deutsch »Ziegenberg«, weil er nur von Ziegen zu erklimmen ist. Schon der Anmarsch dahin war zum Kotzen. Von der Kaserne mußten wir ungefähr zehn Kilometer rennen, so daß wir schon halbkrepiert auf dem Schlachtfeld ankamen. Nach einer kurzen Rast kam unser Hauptmann angesprengt, dessen Streitroß man schon von weitem an seinen erfolgreichen Blähungen erkannte, die akustisch eine Rarität darstellten und mit einer intensiven Artillerievorbereitung zu vergleichen waren.

Nun erscholl das Kommando: »Schwarmlinie«. Da oblag es uns, auszuschwärmen und die verfluchte Kozy Hora zu erklimmen. Ein Sichhinhauen, Sichverstecken, so das Ende der Kampfhandlung abzuwarten und sich dann mit Sieger=miene in seine Einteilung zu mogeln, gab es nicht, weil unser Hauptmann von seinem geräuschvollen Pferde aus jeden einzelnen kontrollieren konnte, ob sein Angriffsgeist auch der richtige sei. Also, es war nicht möglich, dem Geg=ner die Initiative zu überlassen, man mußte da hinauf=krallen, ob man wollte oder nicht.

Oben angekommen, schrien wir begeistert: »Hurrah«, was ein Zeichen war, daß wir - wie jeden andern Tag auch - den Sieg über einen unbekannten Feind davongetragen hatten. Die Augen traten uns aus den Höhlen, und die Zunge hing uns bis auf die Patronentasche herunter. Um dies zu konstatieren, sind hauptsächlich die Patronen=taschen da. In zweiter Linie zur Aufnahme von Patronen=magazinen, die in das Gewehr eingeführt und verschossen werden. Meist Platzpatronen, die nur knallen, aber sonst keine weiteren Unannehmlichkeiten bereiten. Am gefürch=tetsten waren die Ehrensalven bei der Fronleichnamspro=zession, bei Kaisers Geburtstag und anderen feierlichen Anlässen. Bei so einer Ehrensalve ist es wichtig, daß der ganze hiezu bestimmte Zug auf das Kommando »Feuer« womöglich zu gleicher Zeit schießt, daß es nur einen ein=zigen Knall gibt und keine beschämende Schießerei auf Raten, weil da die Zivilisten lachen und die Schießenden eingespert werden. Da ist es also kein Wunder, wenn wir vor diesen Ehrensalven Spundus hatten. Spundus ist la=teinisch.

Bei so einer Fronleichnamsprozession war also diese üb=liche Ehrensalve. Auf das Kommando: »Feuer« kam die

Salve, dann noch ein Schuß extra und noch in weiteren Abständen abermals drei. Es war schrecklich. Wir schäm=ten uns wie Bettnässer, die bei ihren Bräuten als Logier=gäste weilen. Daheim angekommen, große Untersuchung auf dem Kasernenhof. Der ganze Zug bekam vor allem einmal acht Tage Kasernenarrest, und es sollten sich die Schuldigen melden. Drei der Übeltäter meldeten sich und sagten, sie hätten eine Ladehemmung gehabt, hätten aber trotzdem geschossen, damit sie keinen Stunk wegen Nicht=schießens bekämen. Es haben nämlich Männer aus Angst, nachzuschießen, einfach gar nicht geschossen. Diesen Rat gab einer dem andern, und da ergab es sich einige Male, daß eine aufreizend dünne Ehrensalve herauskam, die An=stoß erregte.

Die Gewehre wurden visitiert, die Patronen nachge=zählt, und jeder Mann, der nicht geschossen hatte, bekam eine Belohnung. Einer hat sogar beim Nachhausemarschie=ren mitten in der Stadt noch schnell einen Schuß abgege=ben und die biedere Bevölkerung baß erschreckt. Der hat sich aber nicht gemeldet. Trotz intensivstem Nachforschen weiß man bis heute noch nicht, wer es war. Dafür und aus diesem Grunde, sowohl als auch und überhaupt, wurde das ganze Fronleichnamsdetachement mit Verachtung und Arrest belegt. Die Verachtung wurde mannhaft ertragen, aber eine Woche nicht ausgehen dürfen, machte auf uns Anti=Ethiker einen größeren Eindruck.

Ich als Zugs= und Zimmerkommandant hatte das Bad auszugießen. Man warf mir vor, daß ich nicht genügend erzieherisch auf meine Mannen wirke und diese mangel=haft belehre.

Aber das waren seltene Ausnahmen, immer war ja nicht Kaisers Geburtstag oder Fronleichnam, und bei militäri=

schen Prunkbegräbnissen, die respektslos »Fundus« genannt wurden, hat man besonders ausgebildete Salvenschützen in geringer Anzahl eingesetzt, die sich meist anständig aus der Affäre zogen.

Ich kann mich über meine Militärzeit nicht beklagen. Inzwischen lernte ich fleißig singen, und mein Lehrer und seine liebe Gattin haben mich geleitet, bis ich so weit war, daß ich als Lohengrin zum erstenmal auftreten konnte. Bei diesem meinem ersten Auftreten wurde mir seitens meines Offizierskorps die seltene Ehrung zuteil, daß dieses mit dem Bataillonskommandant an der Spitze in sechs Logen der Vorstellung anwohnte. Alle Herren in ihren graugrünen Paradeuniformen mit Feldbinde und Hut boten im ersten Rang ein schönes Bild, und im Parkett saßen 24 Unteroffiziere, die ihrem einstigen Kameraden begeistert zujubelten. Diese Auszeichnung ist mir mein ganzes Leben lang eine liebe Erinnerung geblieben, für die ich mich einige Tage später beim Bataillonsrapport bedankte.

Drei Jahre blieb ich in Brünn. Es waren Lehrjahre im wahrsten Sinne des Wortes. Mein Lehrer und seine Gattin erzogen mich mit Güte und Liebe, aber auch mit Strenge, damit ich vorwärts komme und nicht glaube, daß ich mit dem Erfolg als Lohengrin schon alles erreicht habe und mich in meinem Glanze sonnen könne. Immer und immer wieder mußte ich erfahren, wie wenig ich noch war, wieviel ich noch zu lernen hatte, und daß man in unserem Beruf überhaupt nicht auslerne. Mein Lehrer fehlte in keiner Vorstellung, in der ich sang, immer wieder wurde verbessert und gefeilt.

An österreichischen Provinztheatern war die Schlamperei und das großzügige Hinweggleiten über die Genauigkeit der Noten und ihrer Werte Tradition. Mein erster

Kapellmeister Paul Thieme, ein Berliner, war aber ein strenger, gewissenhafter Musiker, der ein oberflächliches Studium nicht duldete. Jedes Wort meines Lehrers war mir Evangelium. Wenn ich eine Arie in einem Tempo mit ihm studiert hatte, mit dem der Kapellmeister nicht einverstanden war, setzte ich mich als junger Grünschnabel sofort zur Wehr und erklärte: Das singe ich langsamer oder schneller, je nachdem ich es gelernt habe.

Wir hatten Goldmarks Oper »Heimchen am Herd«. Die große Arie im ersten Akt hatte ich mit Robinson studiert und alles festgelegt. In der Vorstellung hetzte mich der Kapellmeister im Tempo, er gab nicht nach, ich auch nicht, so kamen wir ganz auseinander. Da hörte ich auf zu singen und ging von der Bühne ab. Der Vorhang mußte fallen.

Thieme stürzte wie ein Habicht auf mich los und schrie: »Sie Rotzneese, was fällt Ihnen denn eigentlich ein? Sind Sie wahnsinnig? - Gehn ab und lassen mich sitzen?« Da sagte ich ganz ruhig: »Sie haben zu dirigieren, wie ich singe, und mir im Tempo nachzugeben, wenn ich langsamer werde, dazu sind Sie da. - Ich weiß, was ich will. Wenn sich das wiederholt, gehe ich wieder von der Bühne.« Er rang nach Luft und konnte sich ob dieser Frechheit - die es ja war - nicht fassen. Ich wurde mit 10 Gulden, einem Abendhonorar, in Strafe genommen, was mir damals sehr weh tat, aber ich erreichte, was ich wollte. Mit dem Kapellmeister habe ich mich wieder versöhnt, und wir sind die besten Freunde geworden.

Im zweiten Jahr meines Brünner Engagements hat man mir auf Grund meiner Fortschritte, die ich machte, eine Benefiz bewilligt. - Das war ein Brauch, der an allen Provinztheatern geübt und sogar in den Anstellungsverträgen festgelegt wurde. Man bekam gewöhnlich den Rest der

Gesamteinnahme nach Abzug der Tagesunkosten. Bei besonders geschäftstüchtigen Privattheaterdirektoren - und alle waren sie besonders geschäftstüchtig - stiegen die Tagesunkosten ins Gigantische, so, daß dem Benefizianten nur sehr wenig übrig blieb, daß er, wenn er nicht im Lichtkegel des Interesses beim Publikum stand, ein schlecht besuchtes Haus hatte und eventuell an seinem sogenanten Ehrenabend, wie ein Benefiz genannt wurde, noch draufzahlen konnte. Das kam natürlich in Brünn nicht in Frage, weil der Direktor von der Stadt angestellt und ein grundbraver, anständiger Mensch war.

So ein Ehrenabend war eigentlich eine unwürdige Schnorrerei, aber auch zugleich ein Prüfstein für die Beliebtheit eines Künstlers. Schon das Wählen der Stücke oder Opern, Finden von Attraktionen, die das Publikum anlocken sollten, war ein Problem.

Mein erstes Auftreten als Lohengrin verdanke ich dem Benefiz des Bassisten Shukowski, der wohl ein ausgezeichneter Künstler, aber doch nicht so im Brennpunkt wie ein Tenor oder eine Primadonna war, für die so ein Benefiz eine Mezzie allererster Ordnung bedeutete. Man bekam Geschenke sonder Zahl, hauptsächlich Stoffe von den Tuchfabrikanten, Wäsche, Freßkörbe, Champagner, Weine, Schnäpse, Blumen und Lorbeerkränze mit pompösen Schleifen und schmeichelhaftestem Draufgedruckten. Wenn man auf der Bühne erschien, wurde man mit einem frenetischen Applaus empfangen. Da hatte man still zu stehen, feuchte Augen zu bekommen und gerührt zu flüstern. War das Haus voll und es stand dafür, flüsterte man: »Oh, das ist zuviel. Ihr beschämt mich - Dank - Dank!« War es leer und eine Pleite, murmelte man vor sich hin: »Schweinebande, Banausenherde, dreckige!«

Wenn sich der Begrüßungsfanatismus gelegt hatte, mußte man wie ein Schießhund aufpassen, wo der Dirigent mit der Musik, die ja unterbrochen wurde, wieder begann, damit man nicht den Anschluß versäumte und sich bis auf die Knochen blamierte. Das Bekommen von feuchten Augen wird mit einem leichten Darüberfahren mit dem Handrücken und zuckenden Lippen veranschaulicht.

Ich hatte als Benefiz den »Propheten« gewählt. In zwei Logen im ersten Rang saß meine Familie mit den beiden Tanten und der Großmutter und vor allem meine geliebte Mutter, in der andern die Familie Robinson. Der Abend ging gut vorüber, nach dem ersten und zweiten Akt wurde die Bühne mit allen Geschenken, Würsten, Flaschen und Kleiderstoffen angeräumt, und unzählige Male hob und senkte sich der Vorhang. Traditionsgemäß wurde beim Rückschaffen der Angebinde in die Garderobe die Hälfte gestohlen. Bestellte man sich einen Vertrauensmann, der das hintanhalten sollte, so übernahm dieser die Dieberei.

Endlich war es aus, Robinson war zufrieden, sagte mir erst am nächsten Tag, daß dieses oder jenes jammervoll war, daß ich das vergessen hatte, was wir besprochen hatten, und daß ich da und dort grausam übertrieben habe. Aber erst am nächsten Tag.

Vor dem Theater warteten ein für mich bestellter Einspänner und Hunderte von Menschen auf mich. Ehe ich mich blicken ließ, brachte man zur Vorsorge meine Mutter in den Wagen, und dann erst stieg ich ein.

Ein Geschrei machte das arme Pferd kopfscheu, aber als es von jungen Leuten ausgespannt wurde, die mich und meine geliebte Mutter nach Hause zogen, wieherte es silberhell auf. Wir sprachen kein Wort, sie streichelte mir nur die Hand und sagte nichts als: »Gott schütze dich, mein geliebter Bub« - und weinte Freudentränen. Oft habe ich diese Ovation erleben dürfen, aber nie mehr in meinem Leben hat es mich so ergriffen wie damals.

Dann kam das Auto und mit ihm das Ende des Pferde= ausspannens. Auch dir und mir haben sie, mein liebes Greterl, in Schönberg sogar zwei Pferde ausgespannt, und unsere Mami ist stolz daneben zu Fuß gegangen. Du hast in meinem Konzert Geige gespielt, ich hatte so eine Angst für dich, war so nervös, daß einige Leute sagten: »Um was die Tochter schöner spielt als der Vater singt«.

Wir hatten einen Bariton am Theater in Brünn mit einer sehr schönen Stimme und einem sympathischen Äußeren, der aber so eine Angst, so ein schreckliches Lampenfieber hatte, daß er sich immer die ganze Rolle verdarb. Es war so arg, daß ihn dieses Trema den ganzen Abend über nicht mehr verließ. Wir alle, die wir ein gewisses Verantwor= tungsgefühl haben, werden vom Lampenfieber befallen, das hauptsächlich vor dem Hochgehen des Vorhanges in Erscheinung tritt, namentlich in besonders exponierten Rollen, wie Radames in Aida, wo man gleich zu Beginn die so heikle Arie »Holde Aida« zu singen hat. Aber das legt sich schnell, und man wird wieder normal. Der arme Julius ging im letzten Akt mit denselben ausverkauften Hosen herum wie am Anfang.

Er war der Sohn eines Seifensieders in Stuttgart, ein Schwäbele, der mit seinem Schweschterle lebte, die ihn betreute. D' Lait han gsagt, 's wär gar net sei Schwesch= terle, sondern er lebe im Konklomerat mit ihr. Aber 's war sei Schweschterle, d' Lait sind halt arg bös.

Wir hatten »Fliegenden Holländer«, er sang den Hol= länder, ich den Erik. Die Vorstellung war fürchterlich. Der arme Kerl blieb hängen, kikste mit der Stimme, der Angst=

schweiß strömte ihm nur so über das Gesicht und er zit=terte am ganzen Körper.

Nach der Vorstellung gingen wir in unser gemütliches Beisel gegenüber dem Theater, wo ich immer so große Portionen bekam, daß alle mit mir am Tisch Sitzenden vor Neid aufschrien und als Schiebung bezeichneten, daß mich die alte Köchin in ihr Herz geschlossen hatte. Wir saßen da, still und niedergeschlagen wie bei einem Begräb=nis. Nun ergriff das Schweschterle das Wort: »Juliusle, entweder du bischt e Kinschtler oder du bischt koiner, und wenn de koiner bischt, dann gehschte ebbe hoim und machst Seif.« Er hat es getan. Seit wir uns damals am Ende der Theatersaison trennten, habe ich nichts mehr von ihm gehört.

Er war auch geistig kein Unikum, kein Schnelldenker und wurde deshalb von mir, der ich aus lauter Übermut zusammengesetzt war, hochgenommen. Wir hatten Pro=ben zur Oper »Armida« von Gluck. Er sang den Ober=priester und ich den von Kampfeslust geschwollenen Hel=den Rinaldo.

Ich fragte: »Julius, was bist du eigentlich in dem Stück?«

»E Prieschta.«

»Also, ich habe nicht diesen Eindruck. - Du singst von des Schwertes Schneide und Schlachtgetümmel - ich glaube, du bist ein Krieger. - Geh, frag den Direktor.«

Mein lieber Direktor führte Regie mit einem Reclam=buch in der Hand nach guter alter, nicht allzu komplizierter Sitte. Das Wichtigste war ihm, daß die Nymphen da sind, die Häuseln nicht stinken, daß der Darsteller da auftritt und dort abgeht. Alles andere war der Begabung des Künstlers überlassen, was bei so blutjungen Anfängern, wie wir es waren, immerhin ein Vabanquespiel bedeutete.

Also, der Direktor führte Regie und war gerade dabei, vier Nymphen auf ein Podest zu stellen und ihnen zu sagen: »So, jetzt müassens lächeln. Also lächelns.« Da kam Julius: »Herr Direktor, was bin ich eigentlich in dem Stück?« Der blickt ins Buch: »Sö san a Priester.«

Er kommt zurück: »Ha no, i han recht g'habt, e Prieschta bin ich.« - »Nein, Julius, das bist du nicht. - Hast du dem Direktor auch gesagt von des Schwertes Schneide und dem Schlachtengetümmel? - So was macht nie im Leben ein Priester. Geh hin und sags ihm.«

»Herr Direktor, ich glaub, ich bin koi Prieschta, ich hab von des Schwertes Schneide und Schlachtgetümmel zu singen, ich glaub, ich bin ein Krieger.«

»Also, nacha sans a Krieger.«

»Ein Krieger bin ich, hat er gesagt.«

»Julius, ich habe darüber nachgedacht, im zweiten Akt kommst du an der Spitze von diversen bebarteten Männern mit einem Riesenpalmwedel geschritten und singst von Friede. Du scheinst doch ein Priester zu sein. Geh hin und sag ihm deine Bedenken.«

»Herr Direktor, ich habe im zweiten Akt einen Riesenpalmwedel in der Hand und singe von Friede. - Mir scheint, ich bin doch ein Prieschta.«

»So, nacha sans a Priester.«

So hab ich den lieben Julius achtmal zum Direktor geschickt, der alles, was er vorgeschlagen hat, akzeptierte. Auf einmal springt er vom Regiesessel in die Höhe und schreit: »Sie, mir scheint, Sie wollen mich frozzeln. Jetzt lassens mich schon in Ruhe mit Ihrem Dreckkrieger und Priester, sonst straf ich Ihnen.« So wurde dieser gordische Knoten gelöst.

Ich erzählte eine Anekdote, deren Zweck darin bestand,

daß man dem Zuhörer auf die Schulter klopfte, zuerst ganz leise, dann immer stärker und stärker, so lange, wie es die geistige Auffassungsgabe des Partners zuließ. Also ich erzählte dem Julius: Der Graf Esterhazy hört, daß es auf einem seiner Schlösser in Ungarn spukt in der Mitternachtsstunde, daß die schon vor Jahrhunderten verstorbenen Ahnen im Ahnensaal umeinanderschweben, Allotria treiben und Ringelreihen tanzen. Eines Tages faßt der Graf den Entschluß, sich selbst davon zu überzeugen, setzt sich in den Ahnensaal zum Schreibtisch und wartet. Die alte Pendule schlägt die Mitternachtsstunde in wimmernden, klagenden Tönen. Da plötzlich klopft ihm jemand auf die Schulter, und eine hohle Stimme stöhnt: Esterhazy! Er fährt zusammen, sieht sich um - nichts. Ach, denkt er, ich scheine wohl eingeschlafen zu sein, das war sicher ein Traum. Es vergehen wieder einige Minuten, da klopft man ihm wieder auf die Schulter, und düster lallt es: Esterhazy! Er fährt auf, sieht sich blitzschnell um - nichts.

Also, so ging das weiter, ich schlug dem Julius immer stärker auf die Schulter, konnte schon gar keine Verbindungssätze mehr finden, meine Hand schmerzte mich von dem Hindreschen, und alle umstehenden Kameraden schrien vor Lachen. Endlich, nachdem ich schon ganz schachmatt war und er am Rücken indigoblau, fragte er ganz ernst: »Ha no, und wo ischt denn da der Witz?«

Wir hatten in Brünn zwei Kritiker. Am »Tagesboten« einen Finanzrat, am »Mährisch-Schlesischen Korrespondenten« einen Baumeister. Beide Herren waren wegen ihrer Unfähigkeit und hilflosen Gymnasiastenaufsätze in der Stadt eine Quelle schallendster Heiterkeit. Viele gewichtige Persönlichkeiten haben es versucht, diese beiden geistig Minderbemittelten durch andere, gescheitere Köpfe zu ersetzen, aber ohne Erfolg, denn die Zeitungsbesitzer waren mit dem Bierschwefel, der als Musikkritik in ihrem Blatt erschien, zufrieden. Erst der Tod erzwang diesen Wurstelpraterfiguren den Abgang. Wieso diese beiden

Herren zu Kritikern wurden und es ein Menschenalter hindurch bleiben durften, konnte sich niemand erklären.

Der Baumeister schrieb einfach die Handlung ab und lobte alles wahllos in einem befremdenden Deutsch, wie man es nicht für möglich halten sollte. Er schrieb zum Beispiel über »Lohengrin« anläßlich meines ersten Auftretens: »Herr Slezak wußte es fingerspitzengefühlsmäßig so einzurichten, als er als Lohengrin die Bretter, die die Welt bedeuten, betrat, sich dem Wohlwollen unseres äußerst verwöhnten und durch Vergleiche mit dem so nahen Wien kritischen Publikums zu empfehlen, was ihm sichtlich gelang. Das Auftrittslied an den Schwan, modulativ und gesichtsausdrucksgemäß richtig erfaßt, ließ aufhorchen. Mit festem, jugendlich elastischem Schritt - der Künstler soll noch nicht 20 Jahre alt sein - trat er vor, meldete sich erst mit einer Schmeichelei auf den Lippen beim König Heinrich, der, wie Richard Wagner, der Komponist dieser Oper, so treffend vorschreibt, unter der Eiche sitzend Gericht hält und in Wehr und Waffen einen langen, dunkelblonden Vollbart zur Schau trägt, was Herrn Shukowsky, dem Benefizianten, meisterlich gelang. Der junge Künstler wendete sich dann an Elsa von Brabant, die, des Brudermordes angeklagt, den geheimnisvollen Schwanenritter zu ihrer Verteidigung durch Hornsignale rufen läßt. Er wendete sich zu ihr, nannte sie bei ihrem Vornamen, was allgemeines Erstaunen auslöste und dieses überraschende Moment von Fräulein Kollar sowohl psycho- als auch mimikologisch im Sinne des Meisters lobenswert ausgewertet wurde. Erwähnenswert ist die korrekte Haltung des Telramund, dargestellt von einem anderen Schüler Robinsons. Herrn Rudolf Berger, auch ein Brünner Kind, was schon Anzeichen einer gewissen Reife erkennen ließ. Fräulein

Kußmitsch als Ortrud, geborene Radbot, sie ist Radbots des Friedensfürsten letzter Sproß, traf den Farbenton besonders wirkungsvoll.«

So ging das weiter, alle kamen dran, eingerahmt in das Geschehen der Handlung, jeder wurde belobt und beglückwünscht, sogar die vier Edlen, die nichts zu reden hatten, erwärmten das an den Vorgängen auf der Bühne regen Anteil nehmende Publikum. Ein lieber alter Herr, der mit seinen ernst gemeinten Drolerien unfreiwillige, wunderbare Lacherfolge erzielen konnte! In seinem eigentlichen Beruf als Baumeister war seine Harmlosigkeit schon etwas gefährlich. Durch eine Fehlkonstruktion oder Schlamperei ist ihm ein neugebautes Haus eingestürzt. Zum Glück war es noch nicht bewohnt. Man sagt, es habe ein Passant auf der Straße etwas zu kräftig gehustet, das habe das Haus nicht ausgehalten und sei in sich zusammengefallen. Es hieß dann allgemein: »Seine besten Einfälle sind seine Häuser«.

Der andere, der Finanzrat, war schon gefährlicher für die Sänger, weil er ein eitler, bösartiger, auf Geklatsche und Zuträgereien eingehender, rachsüchtiger Dummkopf war, der eine große Macht hatte und diese schamlos mißbrauchte. Er war Junggeselle und lebte mit seinen beiden Schwestern in einem altertümlichen Hause der Vorstadt. Er war Vorstand der Steuerabteilung für die innere Stadt, Inhaber des Franz-Joseph-Ordens, den sich alle Beamten einer gewissen, halbhohen Kategorie, nach einem bestimmten Dienstalter ersaßen. Jeden Nachmittag um 4 Uhr war bei ihm zu Hause Empfang zum Jausenkaffee, und da war es ungeschriebenes Gesetz, ein- bis zweimal die Woche hinzugehen und dieses Theater mitanzusehen, wie die Komödianten um seine Gunst buhlten und ihm faustdicke

Schmeicheleien hinschmierten, die jeder mit einem bisserl Grütze im Kopf Ausgestattete mit ein paar Ohrfeigen quittiert hätte. Wer nicht da war, wurde übel zugerichtet, und orgiastische Feste im Ehrabschneiden wurden zelebriert. Wenn sich jemand erkühnte, diesem widerwärtigen Eitelkeitsdünkel nicht Rechnung tragen zu wollen, wurde er in den Kritiken zu einem völlig talentlosen Statisten gestempelt.

Seine beiden Schwestern hatten ihre Lieblinge, die sie vor ihrem Bruder in Schutz nahmen. Zu diesen gehörte auch ich. Durch meine Frohnatur und übermütige Ausgelassenheit habe ich Gnade vor dem Kleeblatt gefunden, was sehr wichtig war, denn als Schüler Robinsons, der diesen blödsinnigen Byzantinismus nicht mitmachte, wäre es Grund genug gewesen, mich bei meinem Debüt abzustechen und die Schule Robinsons verantwortlich zu machen, daß dieses sicherlich gute Material nicht zur Geltung kam. Also, das habe ich durch den Zauber meiner Persönlichkeit und verwirrenden Charme hintangehalten und wurde gelobt.

Seine Kritiken waren bösartige Schulaufsätze. Bei Lieblingen der Schwestern hieß es zum Beispiel: »Fräulein Stangelhuber als Marthe Schwerdtlein ist im künstlerischen Wachsen begriffen. Sie reift allmählich zu einer beachtenswerten Künstlerin heran.« Dabei sang Fräulein Stangelhuber schon 30 Jahre die Marthe Schwerdtlein.

Dann kamen die Angeschwärzten, die von hintenherum Besudelten. Die wurden mit vergifteten Spitzen auf ihr Privatleben geätzt und ihre Berechtigung, beim Theater zu sein, in Frage gestellt. Diejenigen, die sich um diesen alten Orang-Utan nicht kümmerten, wurden in jeder Kritik so verrissen, so schlecht gemacht, daß ein noch so hungriger Hund keinen Bissen Brot von ihnen genommen hätte. Wir hatten einen jugendlichen Komiker - Gustav Charlé, der mit Recht das Idol aller Theaterbesucher war. Er sah blendend aus und hatte einen so liebenswürdigen Humor, daß man ihn gern haben mußte. Bei einer Probe wurde über C.W. - so zeichnete der Finanzrat seine Kritiken - und seine so hanebüchenen Elaborate gesprochen. Da meinte Gustl ganz harmlos: »Dieser alte Spinatwächter kann mir den Buckel herunterrutschen«. Spinatwächter hießen in Österreich die Finanzer, die Zollwächter, weil sie so eine spinatgrüne Uniform hatten. Das wurde am nächsten Tag beim phosphorsauren Vitriolkaffeeklatsch brühwarm und entrüstet hinterbracht. Daraufhin setzte ein Vernichtungsfeldzug gegen Charlé ein, der schamlos aller Sitte und allem Anstand hohnsprach. Das ging so weit, daß sich die Empörung des Publikums bei der Premiere der Operette »Der Obersteiger« ein Ventil schaffte. Als C.W. sich vor Beginn auf seinen Parkettsitz setzte, ging ein Spektakel los mit Pfeifen und Brüllen: »Abzug C.W. - Hinaus mit diesem bösartigen Zwetschkenkrampus - Weg mit dem Schandmaul!« C.W. blieb ruhig auf seinem Platz sitzen und tat, als ob ihn die ganze Sache nichts anginge. Als aber das Publikum nicht aufhörte zu randalieren und nicht zuließ, daß mit der Vorstellung begonnen wurde, mußte er doch weichen und verschwand. Als Charlé auftrat, war großer Jubel, da sagte er quasi in seiner Rolle: »Hätt's ihn doch sitzen lassen, daß wir ihn nach dem zweiten Akt noch einmal hinausschmeißen können«. Aber C.W. schrieb weiter bis zu seinem Tode.

Im dritten Jahr wurde mir die Rolle des Jung=Siegfried zugeteilt. - Robinson war entsetzt und sagte, das dürfe ich nicht machen. »Dein hoher Tenor, der sich nur in den höchsten Höhen wohlfühlt, ist dieser zentralen, sich stets in der Mittellage bewegenden Rolle nicht gewachsen, um so mehr, als ja die Mittellage infolge deiner Jugend naturgemäß sehr dürftig ist.« Alle Versuche Robinsons, den Direktor zu bewegen, mir die Rolle abzunehmen, schlugen fehl, ich mußte daran glauben.

Robinson behielt recht. Im ersten Akt kam ich an die Grenze, es klang gequält und stumpf, im zweiten Akt waren die poetischen Stellen im Waldweben das Beste, und im dritten pfiff ich auf dem letzten Loch, man sah mich nur den Mund öffnen, man hörte nichts. Trotzdem sollte ich diese mörderische Rolle dreimal die Woche singen. Ich ging zum Direktor und sagte ihm, daß ich nicht dreimal die Woche den Siegfried singen könne, dazu wäre ich noch viel zu jung. Da meinte dieser ganz verbohrt: »Gehns, gehns, als a Alter könnens kan Siegfried singen. Wann wollns eam denn singen? Doch nur als a Junger.«

Um nun diesem sturen Siegfriedfimmel ein Ende zu machen, meldete ich mich krank, meine

Freunde stellten mir einige hundert Gulden zur Verfügung, und ich ging auf Reisen. Heimgekehrt erklärte ich, daß ich den Siegfried überhaupt nicht mehr singe, weil er mir meine Stimme in Gefahr bringe.

Bei den Proben zu »Siegfried« wurde mir ein wunderschöner großer Drache zum Kampf gestellt, aus Papiermaché, in dem zwei Arbeiter verborgen waren, die die Bewegungen des Ungeheuers veranlaßten. Beim Kampf sprang ich wie ein Irrsinniger hin und her - ich war ein sehr scharfer Spieler - und stieß mein Schwert Nothung mit solcher Kraft in den Bauch des Wurmes, daß es innen plötzlich aufschrie, das Vieh sich zu bewegen aufhörte, die Musik abgeklopft wurde und ein Mann beim Papiertürl hinausstieg. Der andere konnte es nicht, weil ich ihn derart verletzt hatte, daß er mit der Rettungsgesellschaft ins Spital gebracht werden mußte. Ich war unglücklich, fuhr mit ins Krankenhaus und atmete auf, als der Arzt konstatierte, daß es keine schwere Verletzung sei und der Mann in einigen Tagen wieder gesund sein würde.

Die Kunde von diesem Unfall verbreitete sich in der Stadt wie ein Lauffeuer, und Augenzeugen wollten gesehen haben, wie der Slezak mit seinen klobigen Schlosserpratzen vier Arbeiter umgebracht hätte. Schon damals gab es Gerüchtemacher.

Die Zeit in Brünn war auch reich an künstlerischen Erlebnissen. Das nahe Wien schickte uns seine großen Männer, die in ihren Glanzrollen auftraten und große Anerkennung fanden. Vom Burgtheater kamen Adolf Sonnenthal, dieser wunderbare Schauspieler und vornehme Mensch; Ernst Hartmann, der berückende Bonvivant; Emmerich Robert, Fritz Krastel, Hugo Thimig und der so schlichte und natürliche Bernhard Baumeister als Richter

von Zalamea; der geniale, etwas skurrile Mitterwurzer, der ungeheure Eindrücke hinterließ; der virtuose Ferdinand Bonn als Geigenmacher von Cremona, wo er selber Geige spielte, und andere.

Von den Frauen vor allem die herrlich schöne Hedwig Bleibtreu, die erst als Bauernschauspielerin mit der alten Amalie Schönchen wundervolle Gestalten schuf, um dann vom Burgtheater als ganz große Heroine wiederzukehren. Ich werde noch auf sie zu sprechen kommen.

Von der Wiener Oper wird mir das Gastspiel der Maria Wild unvergeßlich bleiben. Sie war so unförmlich dick, daß sie erst singen mußte, um dieses Bild vergessen zu machen. Aber wenn sie dann sang, strömten einem Tonkatarakte entgegen, die atemraubende Dimensionen annahmen. Sie soll eine Kuhdirne gewesen sein, die der Operndirektor Herbeck entdeckt hat und ausbilden ließ. Als alte Frau verliebte sie sich in einen ganz jungen Mann und hat sich, als sie keine Gegenliebe fand, aus dem vierten Stock ihres Hauses auf die Straße gestürzt.

Erik Schmedes als Lohengrin, jung und rank, ein großer Künstler, der herrliche Bariton Theodor Reichmann als Hans Sachs und Trompeter von Säckingen.

Aber auch die Operette und Posse sandten ihre prominenten Vertreter. Die beliebten Altwiener Komiker der ganz verblaßten Thadäddelschule mit einer Komik, die heute nicht mehr möglich wäre. Da war zum Beispiel der alte Knaak vom Karltheater. Der konnte das Wort »Paprikaschnitzel« auf 36 Arten so verdrehen, daß die Leute wieherten. Ich glaube, heute würden sie scharf schießen.

Dann kamen der unvergessene Alexander Girardi im »Verschwender«, Maria Geistinger, die einstmalige Königin der Operette, mit der ich noch eine kleine Rolle in »Drei Paar Schuhe« spielen durfte. Da war sie aber schon eine alte, arme Frau, und man hatte Herzweh, daß alles so vergänglich ist.

Die resche Pepi Glöckner als »Jugend« und in vielen andern ihrer Rollen, eine herzgewinnende, liebreizende Frau. Noch soviele andere Namen von damals gutem Klang, wie Felix Schweighofer und Friedrich Haase, reizende Virtuosen, die mit ihren Paraderollen alle Theater abklapperten und sehr vielen Beifall fanden.

Jedenfalls war die Brünner Zeit erzieherisch wertvoll für mich, schaffte so viel Anregung, so viel Ehrgeiz und Sehnsucht, das Höchste zu erreichen. -

Ich wurde gleich nach meinem Debüt an die Königliche Hofoper in Berlin engagiert.

Im letzten Jahr traf mich ein schwerer Schlag. Meine von mir so innig geliebte Mutter, eine Märtyrin ihr ganzes Leben lang, starb an einem schweren Herzleiden im jugendlichen Alter von 48 Jahren. Was habe ich für Pläne gemacht, wie ich sie liebhaben und verwöhnen wollte, um alles wieder gut zu machen, was die Ärmste gelitten hatte. Der liebe Gott hat es anders beschlossen und wird wohl gewußt haben, warum.

Das Ende der Theaterspielzeit kam heran, die drei Jahre waren um. Die üblichen geräuschvollen Abschiedsabende in allen meinen Rollen standen bevor und auch die schwere Stunde des Abschieds, der Trennung vom geliebten Ehepaar Robinson. Als ich seinerzeit von Robinson zur Ausbildung übernommen wurde, vereinbarten wir, daß er mich umsonst unterrichte und ich dann, wenn ich soviel verdiene, daß ich es entbehren könne, 15 Prozent meiner Einnahmen abgeben solle. In den drei Jahren Brünn konnte ich das nicht, aber dann habe ich mich schon immer darauf gefreut, jeden Monat das Geld an ihn abzusenden, und als es dann später immer mehr und mehr wurde, war ich selig. Mein Gott, wie konnte ich das bezahlen, was diese beiden Menschen an mir getan hatten, ganz abgesehen vom Gesangsunterricht. Ich kam nicht zur Stunde und ging nach dieser wieder weg, nein, ich lebte als Sohn des Hauses, bekam Liebe und einen Halt, der für einen jungen Menschen so dringend nötig ist. Beim Abschied sagte er nur: »Lieber Leo, wenn du draußen in der Welt bist, werden sich viele Menschen an dich heranmachen, dir Gesangsunterricht geben wollen, um dich als Reklame zu mißbrauchen. Lasse niemanden an dich heran, behüte das, was du gelernt hast, arbeite auf unserer Basis weiter, sei fleißig, wie du es bis jetzt warst, schau, daß du so rein bleibst, wie du es bist und nicht in schlechte Gesellschaft kommst. Wenn du über etwas im Unklaren bist, schreibe. Mama antwortet dir sofort ausführlich. - Gott segne dich, und behalte uns in gutem Andenken.«

Bei der Abreise brachten mein Vater und die Tanten mich an die Bahn und winkten mir den Abschied von der Heimat zu.

Zweites Kapitel

BERLIN, BERLINER UND BERLINERISCHES

In Prerau stieg ich in den Berliner Schnellzug ein und kam am nächsten Morgen am Bahnhof Friedrichstraße an.

Der Träger fragte: »Erster oder Vierter?« - »Was meinen Sie?« - »Güte.« - »Wieso?« - »Droschke.« - »Was ist billiger?« - »Vierter.« - »Der Unterschied?« - »Gar keener, nur bei Vierter die Zunge drinnen lassen, sonst beißen Se se ab.« »Also Vierter.«

Das war der erste Dialog in Berlin.

Zur Erläuterung möchte ich erklären, daß es damals Droschken vierter Güte gab, die ohne Taxameter liefen, gar nicht gefedert und bei längeren Fahrten sehr ermüdend waren. Sie wurden ihres jammervollen Aussehens wegen abgeschafft.

Ich fuhr zu meinem Kameraden Rudolf Berger, der mich eingeladen hatte, bei ihm zu wohnen, bis ich eine Bleibe gefunden hätte.

Es war 11 Uhr Vormittag, er schlief noch und freute sich nicht. Er riet mir, doch die acht Tage bis zu meiner Meldung in der Oper in Hamburg zu verbringen, dort sei das Tor der Welt, die vielen Schiffe und das Meer, und ich könne Walfische und Sardinen fangen.

Er wollte mich los sein, also fuhr ich nach Hamburg, stieg am Klostertorbahnhof aus - Hauptbahnhof gab es damals noch keinen - und war mitten in einem alten Stadtteil Hamburgs mit seinen anheimelnden schmalen und hohen Fachwerkhäusern.

Dem Bahnhof gegenüber eine Reihe winziger Hotels, von denen das Hotel Wismar den nettesten Eindruck auf mich machte. Es gab Zimmer zu 75 Pfennig und einer Mark. Ich war großzügig und nahm das zu einer Mark.

Im Parterre war eine Miniaturgaststube mit zwei Tischen, einer Theke, darauf ein großes Glas Soleier, saure Gurken, gebratene Heringe, Rollmöpse und Salate. Einige Flaschen standen neben dem Bierhahn.

Der Wirt empfahl mir, eine leckere Jauersche Wurst mit Kartoffelsalat zu essen und meinte, daß der Artikel in der Hafenarbeiterzeitung, daß man in einer Jauerschen Wurst rostige Nägel und andere nicht hineingehörende Schweinereien gefunden habe, nicht auf alle Jauerschen Würste auszudehnen und ein Generalisieren zu verpönen sei.

Ich aß zwei Rollmöpse und trank ein großes Helles.

Der Wirt setzte sich zu mir und fragte mich nach allen Richtungen aus. Ich reichte ihm meine Visitenkarte. Nachdem er sie gelesen hatte, sah er mich scheel an und wurde nachdenklich. Nachdem ich aber das Zimmer für drei Tage vorausbezahlt hatte und auch die Rollmöpse nicht schuldig blieb, blickte er wieder zuversichtlich.

Ich sah mir Hamburg gründlich an, war nur enttäuscht, daß ich das Meer nicht sehen konnte, wie es mir Rudi versprochen hatte, und das Fangen von Walfischen und Sardinen war auch ein Schmäh.

Nach drei Tagen hatte ich die Nase voll und fuhr nach Berlin zurück. Im Coupé dritter Klasse saß ein Herr mir gegenüber, der Zeitung las. Es war ein Nichtrauchercoupé. Das war ein Grund für mich, ihn zu fragen, ob es ihn störe, wenn ich rauche.

»Nein, rauchen Sie.«

Da er von der Zeitung nicht aufblickte und mich nicht zur Kenntnis nahm, meinte ich, daß Hamburg eine sehr interessante Stadt sei.

»Jawohl.«

»Besonders die Hafenanlagen haben mir imponiert. - Gestatten Sie«, ich reichte ihm meine Visitenkarte.

»Was soll ich damit?«

»Damit Sie wissen, wer ich bin.«

Als er die Karte gelesen hatte, überschattete sichtliches Mißtrauen seine Züge. Ich merkte es nicht, begann zu erzählen, daß ich an die Berliner Oper als Tenor engagiert sei und von Brünn komme. Erzählte von daheim, meiner Mutter, meinem Lehrer, und bald wußte er alles. Er wurde wärmer, hörte auf, in die Zeitung zu schauen, fragte mich, redete mit mir, und in Wittenberge waren wir per Du und Freunde für ein ganzes Leben bis zu seinem Tode. Als wir per Du wurden, wollte ich ihn küssen, das lehnte er ab.

Später gestand er mir, welchen Eindruck ich auf ihn gemacht habe.

Erstens: Ein Frechling, der im Nichtrauchercoupé raucht.

Zweitens: ein aufdringlicher Hochstapler, der mich mit Vorspiegelung falscher Tatsachen, wie dem königlich preußischen Hofopernsänger, anpumpen will.

»Ich nahm mir vor, höchstens 5 Mark zu opfern. Als du mich bei unserer Verbrüderung küssen wolltest, hielt ich dich für homosexuell. Aber dann ist mir warm ums Herz geworden, ich fühlte, ich habe einen weltunerfahrenen, tolpatschigen, unverdorbenen jungen Menschen vor mir und fühlte mich zu dir hingezogen.«

In Berlin stiegen wir beide im Zentralhotel in der Friedrichstraße ab. Im »Lokalanzeiger« suchten wir Woh=

nung; am Potsdamer Platz waren zwei Zimmer annonciert.

Hugo ging seinen Geschäften nach, und ich auf den Potsdamer Platz. Dem nächsten Schutzmann, der mit einem kriegerischen aufgezwirbelten Kaiser Wilhelm=Schnurrbart und einer Pickelhaube an der Ecke stand, legte ich vertraulich die Hand auf die Schulter und wollte fragen - da schrie er mich an:

»Nicht anfassen, wat fällt Ihnen denn ein? Sie sind wohl!«

Ich erschrak und fragte eingeschüchtert: »Ich bitte schön, wie komme ich zum Potsdamer Platz?«

»Da jehn Se mal die Friedrichstraße lang bis zur Leipzija Straße, dort rechts ab zum Leipzija Platz, den überqueren Se, und dann sind Se am Potsdamer Platz.«

»Ich danke schön!«

»Gedankt wird nicht, wiederholen!«

Mittags traf ich mich mit Hugo, er sagte, er habe in der Jägerstraße 58 von einer Wohnung gehört, da müßten wir hingehen. Die Wohnung war reizend, blitzsauber, zwei Zimmer und ein kleines Entré.

Ich nahm sie, trotzdem sie ziemlich teuer war, aber beim Wohnen wollte ich nicht sparen, weil ich doch viel zu Hause sein und es recht gemütlich haben wollte. Die Hauswirtin, Frau Insel - sie nannte sich selbst »Mutter Insel« - versicherte, sie werde mich schon betreuen, denn so junge Leute brauchten immer jemand, der sie bemuttert, und das besorge sie.

Hugo meinte: sei vorsichtig, die Alte gefällt mir nicht, lasse sie nicht zu nahe an dich heran. Er hatte recht, sie entpuppte sich als echte »Mutter Insel«, stahl mir meine halbe Wäsche, rechnete jeden Krug warmen Wassers und hätte am liebsten auch die Luft, die ich in ihren Räumen atmete, auf die Rechnung gesetzt, begann mich zu bevormunden, was ich aber, als ich es bemerkte, mit einem Generalkrach, dem viele Kleinkrachs vorangegangen waren, erledigte. Es hatte sich ausgemutterinselt, ich lehnte jedes Betreuen, jedes Bemuttern mit Brachialgewalt ab und war nur noch möblierter Zimmerherr.

Ein Piano wurde gemietet, bei Wertheim zwei künst=

liche Palmen, ein Makart=Bouquet à 3 Mark gekauft und mit meinen Lorbeerschleifen, den Bildern meiner El= tern und dem vom Ehepaar Robinson an die Wand ge= nagelt. Ich war selig, daß ich es so schön und behaglich hatte und in dieser vornehmen Gegend direkt am Königl. Schauspielhaus und so nahe der Oper wohnen konnte. Das Bewußtsein, einen so wertvollen Freund gefunden zu haben und einen andern, den lieben alten Onkel Cochius, den ich in meinen Büchern schon würdigte, wiederzusehen, erfüllte mich mit dankbarem Glücksgefühl.

Hugo reiste heim nach Prag, aber er lud mich vorher noch zu sich ein, und als ich nach Schluß der Berliner Spiel= zeit ihn besuchte, lernte ich seine schöne Gattin und seine Söhne kennen und verbrachte mit ihnen einige Tage herz= lichsten und wärmsten Aneinanderschließens.

Er ist ein großer Herr geworden, Generalrat und Präsi= dent der Anglobank in Wien, und unsere Freundschaft währte bis zu seinem und seiner Gemahlin Tode.

Ich fühlte mich in meiner Wohnung sehr wohl, jeden Tag kam der Korrepetitor, und ich war meinem Studium fanatisch ergeben.

Zu dieser Zeit war eine chaotische Periode in der Oper zu verzeichnen. Eine Mißwirtschaft, Schlamperei und Des= organisation sondergleichen, die dem Renommee des Theaters schweren Schaden zufügte.

Als höchster Herr und Generalintendant stand Graf Bolko von Hochberg den beiden Hoftheatern vor. Ein sehr vornehmer, schlesischer Hocharistokrat aus dem Hause des Fürsten Pless und Freund des Kaisers, der ihn Onkel Bolko nannte.

Der eigentliche Leiter und für alles Verantwortliche, was geschah und meistens nicht geschah, war der Geheim=

rat Pierson, der seine hohe und machtvolle Stellung der Schönheit seiner Frau verdankt haben soll. Sie war viele Jahre erste Sängerin, hatte eine ungewöhnlich scheußliche, messerscharfe Lokomotivstimme, dank welcher sie das Publikum in wilde Wut zu bringen wußte.

Trotz ihrer Schönheit wurden Hekatomben von Protest=briefen täglich in der Intendanz in den Papierkorb ge=worfen. Besonders als sie älter wurde und sich ein gewisser antiker Faltenwurf im Gesicht bemerkbar machte und die Stimme an gellender Schrillheit ungeahnte Fortschritte machte, setzte eine vernichtende Abwehr ein, die durch das Eingreifen des damals allmächtigen Fürsten Philipp von Eulenburg mit Erfolg gekrönt war. Ich habe sie nicht mehr erlebt; was ich da so lieblos schildere, ist Über=lieferung.

Erlebt habe ich nur, daß es Pierson gelungen war, das schöne, herrliche Opernhaus durch Mißwirtschaft und präpotente Unfähigkeit derart zugrunde zu richten, daß es ein Institut fünften Ranges wurde, in das kein Mensch hineinging.

Pierson war ein schnodderiger Glückspilz, dem es trotz gigantischer Debacles, die einander ablösten, immer wieder gelungen war, sich zu halten und neuen Unrat auf den alten zu häufen, bis endlich ein Jahr nach meiner glor=reichen Anwesenheit die Bombe platzte, gründlich Schluß gemacht wurde, und er mit einem Orden geschmückt vom Schauplatz des Trümmerfeldes verschwand.

Man wußte niemals, ob am Abend eine Vorstellung sein würde oder nicht. Oft waren alle Vertreter eines Faches beurlaubt, und ich habe in dem einen Jahr meines Engage=ments fünf Abende erlebt, an denen die Oper geschlossen bleiben mußte, weil die auf dem Programm stehenden

Künstler und deren eventuelle Vertreter nicht da waren. Alles ging drunter und drüber, es wurde nichts gearbeitet, Neuerscheinungen waren eher in Glogau als in Berlin, Neueinstudierungen älterer Werke höchst spärlich, es war eine Stagnation, Unlust und Unzufriedenheit im Personal; man sah kein Ziel vor Augen, keine Autorität, keine überragenden Künstler, die hätten Interesse erwecken können.

Einen Tag vor dem Antrittstermin machte ich mich fein, zog meinen Bratenrock an, setzte einen humoristischen Zylinder auf und ging in die Generalintendanz in die Dorotheenstraße, um dem Grafen Hochberg und Geheimrat Pierson meine Aufwartung zu machen.

Ich hoffte fest, einen überwältigenden Eindruck zu entfesseln und mit offenen Armen empfangen zu werden. Der Bürodiener Beil, der mich empfing, fragte: »Wer sind Sie?«

»Zum Herrn Graf Hochberg und Geheimrat Pierson wollte ich.«

»Hochberg jiebts nich, der empfängt nich, zu Jeheimrat geh ich rein.« - Er kommt zurück: »Jeheimrat läßt fragen, wat Se wollen?«

»Meine Aufwartung als neues Mitglied machen.«

»Schön!« - Als er wiederkommt, sagt er: »Herr Jeheimrat läßt Ihnen sagen, er betrachte Ihre Aufwartung als jenossen. Sie können jehn.«

Tief verletzt, schwer enttäuscht zog ich wie ein begossener Pudel ab.

Nun wartete ich auf die Herausgabe des Repertoires für die nächste Woche. Nichts. Weitere drei Wochen. Nichts. Endlich: »Cavalleria rusticana: Turiddu . . . Herr Slezak.« Keine Probe, keine Verständigung.

Ich raste zu Rudi Berger, der lachte und sagte: »Du wirst dich noch an vieles gewöhnen müssen. Ich singe seit zwei Jahren den Alfio in der »Cavalleria« und den Besenbinder in »Hänsel und Gretel«, sonst nichts.«

»Und das hältst du aus?« - »Mein Gott, an so einem Hoftheater muß man eben warten, bis man drankommt, man ist ein Beamter, muß trachten, sich bei den maßgebenden Stellen lieb Kind zu machen, sich einzutegeln, man wird protegiert, hat ein ruhiges Leben und ist geborgen.«

Ich sagte nichts, aber ich wußte, daß ich das nicht lange mitmachen würde.

Ich lernte meine Partnerin Emmy Destinn kennen, die in der gleichen Lage war und die ganze vorige Saison nur die Santuzza zu singen bekam. Wir haben uns dann später, als wir an der Metropolitan-Oper in New York zusammen waren, dieser widerwärtigen Zeit erinnert.

Eines Tages ging sie zu Pierson, machte Krach und nannte den ganzen Betrieb einen auf niedrigster künstlerischer Stufe stehenden Augiasstall. Pierson hat sie daraufhin beflegelt und mit Schimpfnamen belegt, welche die temperamentvolle Emmy mit einer Riesenohrfeige quittierte. Darauf wurde sie fristlos entlassen. Sie folgte einem Ruf an das tschechische Nationaltheater in Prag, um nach dem unrühmlichen Ende Piersons als anerkannte Primadonna nach Berlin zurückzukehren.

Meine Existenz wurde nicht zur Kenntnis genommen. Mit Ausnahme von einigemaligem Einspringen als Florestan, Fenton in den »Lustigen Weibern«, »Troubadur«, Walther von der Vogelweide und dem Turiddu in der »Cavalleria«, verlief mein Leben in gewissenhafter täglicher Arbeit für mich, systematischer Pflege meiner Stimme wie bei Robinson und dem Studium neuer Rollen, darunter meiner Lieblingsrollen, Raoul in den »Hugenotten« und Eleazar in der »Jüdin«.

Die Abende verbrachte ich mit Onkel Cochius entweder im Schauspielhaus oder im Deutschen Theater, lernte alle Klassiker kennen und bekam große Eindrücke von den damals hervorragenden Schauspielern wie Josef Kainz, Otto Sommerstorff, seiner Gattin Teresina Gessner, Hermann Nissen, der Sorma und vielen anderen. Es war ein wundervoll abgestimmtes Ensemble, jeder Abend ein seltener Genuß.

Aber auch in unserem Königlichen Schauspielhaus gab es sehr interessante Abende mit Matkowsky, Kraußneck, dem lieben alten Oberländer, dem jungen Christians, Max Grube als Mephisto, einem wunderbaren Schauspieler, der von den Meiningern kam und als Oberregisseur und stiller Chef des Schauspielhauses - trotz Piersons zersetzender Oberhoheit - alles Nötige durchsetzte, um den Schild des Schauspiels blank zu erhalten. Allerdings hatte er es leichter, weil der Kaiser sich sehr für das Schauspiel interessierte. Es kamen die Hohenzollern=Dramen von Lauff zur Aufführung, wo sich der Kaiser um die Echtheit jedes Kostüms kümmerte. Von den Frauen sind mir Rosa Poppe und Amanda Lindner als elementare Heroinen in Erinnerung.

Wenn Fritsch, der Korrepetitor, der weit draußen in Charlottenburg wohnte, nicht in die Stadt kommen konnte, fuhr ich mit der Pferdebahn eineinhalb Stunden zu ihm und eineinhalb Stunden zurück, saß vorne beim Kutscher, in meine Gedanken versunken. Daheim schrieb ich lange Briefe an Robinson, teilte gewissenhaft alles mit und bekam lange Briefe von Mama Robinson wieder, mit Ratschlägen, Belobungen und Segenswünschen, als ob sie meine geliebte Mutter geschrieben hätte.

Bei so einer Pferdebahnfahrt wurde eines Tages in der

Leipziger Straße von Zeitungsjungen ausgerufen: »Extra-blatt! - Extrablatt! Die Kaiserin Elisabeth von Österreich in Genf ermordet!«

Diese Nachricht hat einen großen Eindruck auf mich gemacht, denn zur damaligen Zeit waren die Menschen kaisertreu und nahmen an allem Anteil, was unser Kaiserhaus betraf. So wurde man erzogen und so ist es bei mir geblieben bis in mein hohes Alter.

Der Theaterdiener Krings, der, in richtiger Erfassung meiner dominierenden Stellung eines Stiftes, der im Kaffeehaus das Lokal aufspritzen darf, mit mir in einem Tone redete, daß einem die Spucke wegblieb, brachte mir eine Rolle. Ich mochte den alten Mann gerne und er mich auch. Er war ein ausgedienter Garde du Corps-Wachtmeister mit dem beliebten weichen Kern in rauher Schale. Er brachte mir die Rolle des Vogelgesang in den »Meistersingern«.

Empört gab ich Krings die Rolle gleich wieder zurück. »Das mache ich nicht, ich bin als erster Tenor hier engagiert; man braucht mich nicht auftreten zu lassen, aber so degradieren darf man mich nicht.«

Da sagte Krings ganz vertraulich: »Jungeken, machen Se det man bloß nich, der Jeheimrat ist ein ekliger Geselle, der kann Ihnen großen Stunk zufügen.«

»Egal, Krings, sagen Sie, ich weigere mich und sende die Rolle zurück, man möge sie einem Chorherrn geben.«

Krings zuckte die Achseln und murmelte: »Mir kann's recht sein.«

Am nächsten Morgen ein Brief: »Sie haben zwischen 11 und 1 Uhr in der Intendanz zu erscheinen.«

Ich war da, man ließ mich zwei Stunden warten, dann stand ich vor Pierson, einem unangenehmen Herrn mit apartem Blick. Er schielte so, daß man nicht wußte, ob er einen ansieht oder nicht. Er nahm die Rolle und schrie: »Sie Lausejunge - Sie sind wohl wahnsinnig, was? - Sie schicken eine Rolle zurück? - Eine Frechheit! Da ist sie. Wenn Sie sich weiter weigern, sie zu singen, erkläre ich Sie für kontraktbrüchig, und Sie können dann nicht einmal mehr im Affentheater auftreten. Raus!«

Ich ging wortlos fort zu Onkel Cochius, um mich zu beraten. »Leo, der Mann kann dir deine Karriere zerstören; mache es, deine Zeit kommt, da ist mir nicht bange.«

Ich lernte die paar Einsätze und faßte einen Racheplan.

Probe gab es natürlich keine. Richard Strauß dirigierte. Als ersten Satz hatte ich zu singen: »Sind wir beisammen?« - Da wartete ich, bis alles vorüber und mein Einsatz schon lange versäumt war, dann sang ich mit vollem Organ, wie eine hochdramatische Arie: »Sind wir beisammen?« Richard Strauß winkte ärgerlich ab. So machte ich es mit allen meinen Einsätzen, platzte aus heiterem Himmel mit einer Phrase hinein, die gar nicht mehr aktuell war.

Nach der Vorstellung sagte Richard Strauß dem Regisseur: »Lieber Tetzlaff, diesen unmusikalischen Jüngling will ich nicht mehr wiedersehen.«

Ich sang die Rolle nie mehr wieder.

Dann bekam ich den römischen Aufwiegler Baroncelli in »Rienzi«. Wieder Richard Strauß am Pult. Da ich von der Existenz eines Baroncelli nichts wußte, war ich ahnungslos, was zu geschehen hatte, und fragte den Hilfsregisseur Braunschweig, einen sehr humorvollen Berliner, wo ich im zweiten Akt auftrete. Da meinte er: »Mensch, das fragen Sie jetzt schon im ersten Akt; wir wissen ja noch gar nicht, ob wir den zweiten geben!«

In dieser Rolle hatte ich vor der Kathedrale mit allem Volk zu knien und Rienzi, der von erhöhtem Kirchenportal eine Ansprache an seine römischen Volksgenossen und Volksgenossinnen hielt, zuzuhören. Da habe ich vielen der vor mir knienden erreichbaren Römer von hinten einen Stoß in den Rücken gegeben, daß die Guten aufs Gesicht gefallen sind. Es entstand eine allgemeine Verwirrung.

Nach dem Fallen des Vorhangs wurde ich vom Regisseur zur Verantwortung gezogen und wegen mangelndem Ernst und kindlichem Übermut angeprangert. Zur Strafe wurde mir die Rolle des Baroncelli abgenommen. Ich war desperat und wartete auf eine weitere Statistenrolle, die aber nicht mehr kam, und ich hatte meine Ruhe.

Eines Tages las ich im Wochenrepertoire: »Klavier=probe=Euryanthe . . . Herr Kraus.«

Ernst Kraus war damals ein junger, gut gewachsener Wagnertenor und hatte besonders als Siegmund in der »Walküre« einen großen Erfolg. Er hatte eine sehr starke Stimme und war bald der Liebling Berlins. Er war ein Münchner, soll Bierkutscher in einer Brauerei gewesen sein, wurde speziell Wagnersänger und legte auf Kunst=gesang und Kantilene keinen Wert. Ich kaufte mir den Klavierauszug von Webers »Euryanthe« und lernte den Adolar mit Fritsch, was mir viel Befriedigung verschaffte.

Als dann die Arrangierproben auf der Bühne kamen, saß ich, schon mit dem Notenstudium fertig, im finsteren Parkett und machte alles mit. Kraus hatte keine Freude an dieser Rolle und meinte: »So an Syrupscheißer mag i net singen.« Aber man bestand darauf, denn außer dem Sieg=mund und den beiden Siegfrieden hatte er damals nichts auf dem Repertoire. Er kam oft gar nicht zu den Proben, es mußte ein anderer für ihn markieren, und so kam es zu den Orchesterproben mit Richard Strauß am Pult. Der junge Richard Strauß war damals gerade als Komponist in großem Aufstieg begriffen.

Kraus fühlte sich als Adolar sehr unbehaglich, war sehr verstimmt und erschien sogar bei der Generalprobe nicht. Trotzdem hielt man am Aufführungstermin fest, sorgte für keinen Ersatz und überließ es dem Zufall.

Ich beherrschte die Rolle voll und ganz, und besonders gesangsmäßig machte sie mir große Freude. Am Abend der Aufführung um halb sieben kam Onkel Cochius, der seit vielen Jahren in der Oper abonniert war, mich ins Theater abzuholen.

Da läutete es. Krings, der Theaterdiener erscheint: »Mensch, schnell in die Oper, der Jeheimrat und alle warten; Kraus hat vor einer halben Stunde abgesagt. Sie müssen singen, sonst müssen wir zusperren und die Vorstellung absagen.« Ich lachte ihm ins Gesicht und erklärte ihn für wahnsinnig. In der Oper wurde ich von Pierson und allen Mitwirkenden, die halb kostümiert zur Beratung herumstanden, empfangen. Pierson schnarrte: »Na, mein Junge, wie man mir sagt, sind Sie den ganzen Tag im Parkett herumgewimmelt, haben bei keiner Probe gefehlt, da werden Sie wohl die Rolle intus haben, also dalli - anziehen und raus.«

Sein ekelhafter Befehlston reizte mich zur Opposition, auch wurde mir doch ein bissel bange, ich lehnte brüsk ab: »Dadurch, daß man mich nicht beschäftigt, habe ich jedes Vertrauen zu mir verloren; das mache ich nicht.«

Oberregisseur Tetzlaff redete auf mich ein, man werde mich beim Publikum richtig annoncieren, daß ich ohne Probe singe, um die Vorstellung zu retten, und es werde alles wunderschön.

Es kam, wie es kommen sollte: plötzlich stand ich im Kostüm des Adolar, wie ein Schilderhäuschen schwarz und weiß gestreift, auf der Bühne und sang. Nach der ersten

Arie: »Unter blüh'nden Mandelbäumen« hatte ich auf offener Szene starken Applaus, fehlerlos und sicher ging's bis zum Schluß. Große Ovation der Kameraden. Graf Hochberg belobte mich höchstpersönlich, versicherte mir, daß dieses Husarenstück in den Annalen der Königlichen Oper weiterleben werde und ich als ein Zeichen der äußeren Anerkennung einen Ehrensold von 300 Mark bekomme. Diese rhetorische Phrase mit dem Weiterleben in den Annalen, die besonders bei Leichenbegängnissen zum Embellieren von Grabreden sehr beliebt ist, habe ich schon damals, trotz meiner Unerfahrenheit und Jugend, als wertlosen Gemeinplatz empfunden.

Der Ehrensold von 300 Mark hat einen tieferen Eindruck auf mich gemacht. Allerdings blieben diese 300 Mark auch nur Rhetorik, ich habe sie nie gesehen, trotz aller Reklamationen hat man mich darum geblitzt.

Richard Strauß freute sich über meine Musikalität, die er als Vogelgesang in den »Meistersingern« so schwer bei mir vermißt hatte. Als ich ihm dann später gestand, daß ich mit Absicht alles verkehrt gemacht hatte, lachte er sehr und nannte mich einen gerissenen Hund. Onkel Cochius strahlte. Nach der Vorstellung gingen wir in das damals neu eröffnete russische Restaurant »Eremitage« und haben uns mit einem wunderbaren Nachtmahl, Zakuska und herrlichen russischen Gerichten belohnt.

Im Frühjahr meldete sich Dr. Theodor Loewe, der Direktor des Breslauer Stadttheaters. »Lieber Slezak, was wollen Sie hier? - Ich habe Sie in Brünn gehört, Sie waren schon nach Berlin engagiert, da konnte ich Ihnen keinen Antrag machen. Sie hätten ihn auch nicht angenommen, weil ja die Berliner Königliche Oper bestechender war, aber jetzt verfolgte ich Ihre so klägliche Beschäftigung. Sie gehen hier systematisch zugrunde, Sie müssen heraus. Kommen Sie zu mir nach Breslau an ein großes Stadttheater, wo Sie arbeiten, singen und sich entwickeln können. Bitten Sie Hochberg um Ihre Entlassung, umgehen Sie aber Pierson, das ist der böse Geist des ganzen Betriebes. Wir machen einen Vertrag auf drei Jahre, die Gage bestimmen Sie, und wenn sie im Bereich des Möglichen liegt, sollen Sie sie haben. Wir haben ausgezeichnete Kapellmeister wie Julius Prüwer, Alfred Hertz und gute ernste Künstler, mit denen sich arbeiten läßt.«

Cochius war für diesen Plan sehr eingenommen, denn er sah ein, daß in dieser Beamtenatmosphäre kein Kraut für mich gewachsen war. Ich ging zu Hochberg. Beil, der Bürodiener, hatte mich ins Herz geschlossen; ich besuchte ihn oft und erzählte ihm lustige Geschichten, da freute er sich immer. Ich zog ihn ins Vertrauen, damit er mir helfe, bei Exzellenz vorgelassen zu werden.

»Also, lieber Slezak, so empfängt er Sie nicht, da müssen Sie einen Gewalttrick anwenden. Ich gehe mal rüber zu Rat Meder, und wenn ich nicht da bin, machen Sie die Türe auf und sind drin. Das andere müssen Sie wissen, was Sie zu tun haben.«

So geschah es. Ich öffnete die Tür und war drin. Im Stile des Wurzelsepp bat ich vor Aufregung wunderbar keuchend um Verzeihung, daß ich, ohne angemeldet zu sein, hier eindringe. »Aber Sie, Exzellenz, sind hier der einzige Mensch, der ein warmes Herz in der Brust hat und mir helfen kann; ich muß weg von hier.« »Ja, aber so gehen Sie doch zu Geheimrat Pierson.«

»Exzellenz, das ist ein Rüpel ohne jeden Funken Gemüt, der wirft mich hinaus. Dieses Leben ertrage ich nicht mehr, Sie müssen mich freigeben, damit ich arbeiten, singen kann und aus dieser scheußlichen Stellung eines zurückgesetzten und verbitterten Subalternbeamten herauskomme. Exzellenz haben Gelegenheit gehabt, mich mehrere Male als Notnagel in »Fidelio«, Adolar in »Euryanthe«, Lohengrin und das letztemal in den »Lustigen Weibern« als Fenton zu hören, wo ich von Seiner Majestät in die Loge befohlen wurde und er in Ihrer Gegenwart sehr anerkennende Worte für mich fand. Sie wissen, Exzellenz, daß ich nicht unbegabt bin, andernteils auch einsehe, daß ich noch nicht für dieses große Institut reif bin und erst etwas lernen muß. Aber das kann ich hier nicht. Ich habe nicht das Zeug, als Gesangsbeamter auf einem Gummiring zu sitzen und die ersessenen Hämorrhoiden zu pflegen. Ich muß weg - muß hinaus, und wenn Sie diesen Hilferuf nicht hören wollen, so nehme ich mir das Leben.«

»Ja, aber um Gottes willen, mein Kind, was reden Sie denn da für Unsinn, ich habe ja Pläne mit Ihnen, die müssen Sie abwarten. Wenn ich Sie freigebe, kommen Sie an ein Theater, wo Sie ausgenutzt werden und Ihre schöne Stimme zu Schaden kommt. Sie sind doch noch ein Kind, warten Sie es doch ab.«

Nun sagte ich ihm, daß mich Direktor Loewe an das Stadttheater in Breslau engagieren wollte, ich meinen Vertrag schon so machen würde, daß an ein Mich-ausnützen nicht zu denken sei. »Ich werde sicher alles tun, um meine Stimme zu pflegen und ihr keine gefahrbringenden Belastungen zumuten lassen, aber ich muß Jemand sein, muß in der Sonne stehen, sonst verrecke ich. - Exzellenz, bitte helfen Sie mir, Sie haben mein Leben in der Hand.«

Er war ein grundgütiger Herr mit einem weichen Herzen, überlegte ein Weilchen, sah mich wohlwollend an und sagte dann: »Lieber Slezak, freigeben mag ich Sie nicht, ich will Sie mir für die Zukunft sichern, aber ich will Sie für zwei Jahre beurlauben, da können Sie nach Breslau gehen, sich dort in allen Ihren Rollen einsingen und dann wieder zu uns zurückkehren. - Ist Ihnen das recht?«

Ob mir das recht war! Ich dankte aus vollstem Herzen, eilte zu Onkel Cochius, der mit mir jubelte.

Telegrafierte Loewe: »Bin frei, kann abschließen«. Schnell war er da. Vertrag auf zwei Jahre, als Formsache Gast für die Saison, 2000 Mark Gage für acht Monate, kleines Spielhonorar, damit ich nicht zu viel verliere, wenn ich absage, nicht zwei Tage hintereinander singen, also alle Vorsichtsmaßregeln.

Gastspiel auf Engagement: »Prophet« -, das bald startete und einen besonders guten Verlauf nahm. Der Vertrag wurde ratifiziert, und glücklich beendete ich meine Berliner Spielzeit.

Als ich Pierson begegnete, der den zweijährigen Urlaub unterzeichnen mußte, schnodderte er mich gallig an: »Ihr Österreicher wißt wohl nicht, was ein Instanzenweg ist?«

»O ja, Herr Geheimrat, wir Österreicher wissen das schon, aber wir vermeiden ihn gerne, wenn wir ohne ihn besser zum Ziel gelangen.« Ich sah ihn nie wieder, meinen Abschiedsbesuch hatte er abgelehnt und das war gut so, denn ich hatte einige Bissigkeiten für ihn vorbereitet, die besser ungesagt blieben.

Rückblickend muß ich dem lieben Gott für die Gnade danken, daß es so kam, daß ich nicht singen durfte, weil ich mich nach den anstrengenden Siegfrieden der Brünner Zeit ausruhen, meine Stimme pflegen und so wachsen und gedeihen konnte.

Wenn ich von der Ungeduld und dem Unbehagen meiner Beschäftigungslosigkeit absehe, war das Jahr Ber=

lin sehr schön und ein gut bezahlter Studienaufenthalt.

In der Berliner Oper sang ich im »Tannhäuser« den Walther von der Vogelweide; den Wolfram sang Kammersänger Buls, eigentlich Freiherr von Buls, ein ehemaliger Potsdamer Gardeoffizier, der eine große Ausnahmestellung hatte, weil er öfters mit dem Kaiser im Tiergarten ausreiten durfte. Alles erstarb vor Devotion, wenn er kam, und scharwenzelte um ihn herum. Er gab sich sehr reserviert, hielt strenge Distanz, hier und da war er leutselig und sprach in abgehacktem Kommandoton. Alle Nase lang erwähnte er: »Jestät sachte -«, das Ma ließ er weg, »Jestät sachte zu mir, lieber Buls, sachte Jestät«, dann kam irgend etwas Belangloses, das nicht zum Lachen und nicht zum Weinen war, aber mit enormer Wichtigkeit breitgetreten wurde.

Ich saß bei der Probe in meiner Ecke und lachte mich schief bei dem Gedanken, was der liebe Gott für einen wunderlichen Tiergarten habe.

Er hatte eine sehr schöne Stimme, war nicht übertrieben musikalisch und sang alles in so langsamem und verschleppendem Tempo, daß sich die Kapellmeister die Haare ausrissen, aber sich nichts zu sagen getrauten. So ein »Tannhäuser« mit Buls dauerte eine halbe Stunde länger als normal.

Ich sang also den Walther von der Vogelweide in der deutschen Fassung, wo Walther die Arie: »Den Bronnen, den uns Wolfram nannte, ihn schaut auch meines Geistes Licht« singt, hatte sie gesangstechnisch gut ausgearbeitet und bekam - was in Berlin eine große Rarität war - nach dieser Arie auf offener Szene einen starken Applaus, der den Freiherrn sichtlich verstimmte.

Bedanken durfte man sich nicht, auch nicht nach den

Akten vor den Vorhang gehen, nur Gäste durften das, also es war eine kleine Sensation.

Als wir nach dem Akt in unsere Garderobe gingen, zeichnete mich Buls mit einer Ansprache aus: »Junger Mann, Sie haben ja eine ganz nette Stimme, aber der Ansatz ist nicht richtig, kommen Sie zu mir, ich werde Ihnen den richtigen Ansatz beibringen.« Ich erwiderte darauf im Sinne Robinsons bescheiden: »Ich danke vielmals, Herr Kammersänger, aber ich bin mit meinem Ansatz ungewöhnlich zufrieden.«

Erst war er sprachlos, daß es jemand wagte, derart mit ihm zu sprechen, dann sagte er in besonders scharfem Ton: »Aha - Sie gehören wohl zu der Sorte: Glernt hamma nix, aba arrogant samma?« Das sollte österreichischer Dialekt sein.

Der Kaiser war so vielseitig, daß er sich um alles kümmerte. Oft wollte ich ins Parkett, um einer Bühnenprobe beizuwohnen, da stand der Leibjäger des Kaisers vor der Türe und verwehrte den Eingang: »Majestät ist im Parkett.« Er entwarf Zeichnungen von Kostümen fürs Schauspielhaus, alle historischen Trachten waren ihm geläufig, und des öfteren ließ er sich den Oberregisseur Grube kommen und deutete mißbilligend auf einen Komparsen: »Grube, sehen Sie sich die Schuhe dieses Mannes an - ganz falsch.« Schon nahm er einen Block vom Tisch und zeichnete die richtigen Schuhe auf. So war es auf allen Gebieten. Oft verblüffte er Fachleute mit seiner Vertrautheit in verschiedenen Dingen. Jedenfalls war es sympathisch, daß er sich für alles interessierte und spontan, wenn ihm etwas gefiel, seiner Befriedigung Ausdruck gab.

Ich sang den Fenton in den »Lustigen Weibern« von Windsor; nach meiner Arie: »Horch, die Lerche singt im

Hain« wurde ich in die Inkognitologe des Kaisers neben der Bühne befohlen. Er reichte mir die Hand und sagte, daß ich ihm gut gefallen habe, noch so jung sei und sicher eine schöne Zukunft vor mir habe.

Man braucht kein Byzantiner zu sein, wenn einem so eine Anerkennung, namentlich in der Jugend, Freude macht und man sich gerne daran erinnert.

Es kursierten seinerzeit einige nette Scherze, die seine Vielseitigkeit gutmütig verspotteten.

Die Kaiserin sagte: »Willem, fahr nach Potsdam und kiek mal nach, was die Kinderkens machen.« Wilhelm fuhr. Da es damals noch kein Telefon gab, kam ein Telegramm: »Amme soeben zerschmettert, säuge selbst.«

Als Kaiser Friedrich nach hundert Tagen Kaisersein starb, war ein großes Wehklagen in den Zeitungen und im Volk. Man fragte besorgt, was nun werden würde, denn man hatte zum jungen Kaiser nicht allzuviel Zutrauen, weil er sich durch seine impulsiven, säbelrasselnden Reden sehr oft in unangenehme Situationen brachte, auch betonte er sein Gottesgnadentum zu stark - kurz, man sah schwarz in die Zukunft unter seiner Regierung. Das verletzte den Kaiser maßlos, der ja sehr eitel war, und machte ihn zornig.

Da kam eine Abordnung der Berliner Gemeinde mit dem Oberbürgermeister an der Spitze, um dem jungen Kaiser die Urkunde zu überreichen, laut welcher die Stadt Berlin ihm den vor dem Schloß aufgestellten Springbrunnen von dem damals berühmten Bildhauer Reinhold Begas zum Geschenk mache. Er schnauzte die Herren an, drehte ihnen den Rücken, trommelte an den Fensterscheiben und entließ sie ungnädig. Wenn dann später jemand mit jemandem grob und unfreundlich war, so sagte der Befle=

gelte: »Wat wolln Se denn, ik habe Ihnen ja keenen Springbrunnen geschenkt!«

In der ersten Zeit meines Berliner Aufenthaltes war ich sehr sparsam. Ich hatte monatlich 1000 Mark Gage, also für damalige Zeit viel Geld, mußte aber noch in Brünn Raten zahlen, meine Familie erhalten und war schon mit einem Versicherungsfimmel belastet.

Es ist eine alte Tatsache, daß Menschen, die aus armseliger, sorgenvoller und trauriger Atmosphäre plötzlich in helles, glückhaftes Rampenlicht gestellt werden, entweder den Verstand verlieren, die Gaben, die sie mitbekamen und die sie aus dem Dunkel rissen, als selbstverständlich hinnehmen und nicht zu schätzen wissen oder, durch die Erfolge berauscht, aufhören zu arbeiten, drauflos prassen und ihre Gesundheit vergeuden, bis sie in Bälde dort landen, von wo sie ausgegangen sind, um dann das »Schicksal« verantwortlich zu machen.

Oder aber der Fall ist umgekehrt, und die Angst und Sorge, wieder ins alte Elend zurück zu müssen, lähmen beinahe die Lebensfreude, und man wird zu einem Sparpathologen, der vor lauter Voraussorgen nicht aus und ein weiß.

So ging es mir.

Noch lange Jahre hindurch hat dieser bittere Wermutstropfen mir viel genommen. Allerdings, es hatte auch bis zu einer gewissen Grenze etwas Heilsames - ich konnte nie übermütig werden. Wenn ich so recht glücklich war, mir etwas besonders gut gelang, kroch plötzlich, wie ein riesenhafter Schatten, eine beklemmende Angst an mir empor: Morgen kann eine schwere Krankheit kommen - die Stimme kann versagen, dieses oder jenes Unglück kann geschehen. So löste ein drohender Gedanke den andern ab. Eine Tragik, die mich mein ganzes Leben lang begleitete und mich hinderte, so recht von Herzen froh zu werden.

Drittes Kapitel

BEI KRZIWANEK

Also, ich war sehr sparsam, und wenn ich des Abends nicht mit Onkel Cochius zusammen war, ging ich zu Aschinger, ließ mir 2 Bockwürste mit Kartoffelsalat geben und aß 22 Semmelchen dazu, die, auf das mimosenhafte Feingefühl der Gäste vertrauend, in großen Mengen zur Verfügung standen.

Leider muß ich gestehen, daß mich, den sonst Fein=fühligen, beim Essen diese schöne Eigenschaft schmählich im Stiche ließ.

Aber dieser Sparsamkeitskoller legte sich bald. In der Friedrichstraße war ein Wiener Restaurant - Krziwanek -, wo alles, was mit »Sichzurschaustellen«, wie Singen, Schau=spielern, Tanzen, Dichten, Komponieren oder Akrobatik zu tun hatte, in buntgewürfelter Menge zusammenkam.

Das Essen war wunderbar, eine glückliche Mischung von Wien, Budapest, Lemberg und Koscher, zelebriert von Frau Gunduli, der Köchin, deren Wohlwollen ich mir durch leutseliges Gebaren zu erringen wußte.

Ich war hierbei von egoistischen Motiven beseelt, weil sie ja die Portionen anrichtete.

In der Erinnerung finde ich soviele Schlacken an mir, daß ich doch ein bisserl weniger ehrlich sein will, um nicht das wunderbare Bild, das ich von mir zu zeichnen ver=suche, ungünstig zu beeinflussen.

Das Bier war ein Göttertrank aus der Antike. Damals, zum erstenmal in der Geschichte, wurde es in dünnen Glasbechern kredenzt mit einem überwältigenden Sahne=häuberl drauf und einer Tauschicht angelaufen.

Ich glaube nicht, daß Ganymed, der olympische Ober=kellner, dem verewigten Zeus je einmal solch einen Trunk hingestellt hat, denn sonst wäre Zeus bestimmt ein Schickernick, ein Säufer geworden, wovon aber in der Mythologie keine Erwähnung getan wird. Vielleicht hat man es totgeschwiegen, um seine Autorität als Generalgott nicht zu untergraben. Aber man hat ihn ja sonst nicht ge=schont mit all seinen Pantscherln und Techtelmechteln, die er mit der Leda, der Klio und Europa und so vielen andern, die man nicht weiß, gehabt hat. Bei uns Sterblichen würde man es eine Sauerei genannt haben.

Das Ehepaar Krziwanek saß behäbig am Büfett, beide so dick wie zwei Globusse.

Sie trug ein schwarzes, hochgeschlossenes Seidenkleid mit einer langen, goldenen Uhrkette und so viel Ringe an den Händen, daß man keine Finger sehen konnte. Er im Gehrock mit Plastronkrawatte, ebenfalls beringt, den Leuten zeigend, daß man's hat und weiß, was sich gehört.

Als ich Herrn Krziwanek fragte, ob sie Kinder hätten, meinte er ganz vorwurfsvoll: »Ja, aber bitt Sie, was glauben S' denn, wir sind doch keine Parterreakrobaten.«

Ein großer Raum, der letzte in der Zimmerflucht, war nur für uns Theaterleute reserviert und jeder Tisch mit der Tafel: »Besetzt« bezeichnet.

Leopold, der Ober, war auch ein Original, er war ein Julius Cäsar unter den Kellnern, aus der alten bewährten Wiener Schule, wie sie überall in der Welt so beliebt und begehrt waren.

Seinerzeit war es in Wien Tradition, daß ein Kellner, wenn er ausgelernt hatte, erst noch eine Zeit als Speisenträger arbeitete, dann ins Ausland ging, nach Frankreich, England oder Amerika, dort sehr bald die Sprache und die Gepflogenheiten des Landes beherrschte und ein wertvolles Mitglied des Betriebes wurde.

Ich habe auf meinen Reisen in der Welt in all den größten internationalen Hotels ehemalige Wiener Kellner als führende Männer, Direktoren, Restaurantchefs, Maître d'hôtel usw. getroffen, die naturgemäß wiederum ihre bewährten Landsleute um sich versammelten, sodaß zum Beispiel so ein Hotel Ritz an der Place Vendôme in Paris den Eindruck einer Dependance vom Wiener Hotel Sacher machte.

Aber zurück zu Leopold. Er war das Aufmerksamste, Gewissenhafteste und Entgegenkommendste, was man sich denken kann, kannte jede Eigenheit seiner Gäste, las ihnen ihre Wünsche von den Augen ab, arbeitete wie ein Roß und verdiente viel Geld.

Eines Tages war er nicht da, es kam ein anderer als seine Vertretung. Auf Befragen hieß es: »Ach, den hat's schon wieder!« Nach drei bis vier Wochen erschien er wieder, als ob nichts geschehen wäre. In der Zeit seiner Abwesenheit hatte er den Verdienst eines ganzen Jahres versoffen, mit Freunderln und Damekens verjubelt, um dann, wenn er nichts mehr hatte, zurückzukehren und wieder ein Jahr zu schuften und zu rackern.

Meine lieben Kinder, ihr werdet vielleicht sagen, daß dies doch nicht so wichtig ist, um so breitgetreten zu werden, und euren greisen Vater als schon etwas infantilen Schwätzer nachsichtig bemitleiden. Aber dem ist nicht so. Wenn ihr zum Beispiel einen Roman, auch einen berühmten Roman, zu lesen beginnt, so wird vor allem das Milieu geschildert. Erst die Gegend mit dem Farbenspiel der Natur, wo säuselnde Winde vorkommen, die silbrig zitterndes Laub in den Baumkronen veranlassen, Symphonien zu rauschen. Dann werden Blumen aufgezählt, von deren Existenz man keine Ahnung hat. Seitenlang wird mitgeteilt, wie sie mit ihren Kelchen gen Himmel streben, mit ihrem Duft uns sagen wollen, wie wonnesam die hellglitzernde Atmosphäre durchflutet und zu absonderlich süßen Schwingungen verdichtet wird. Erst nach langer Zeit, wenn man schon vor lauter durchflutender Verdichtung so nervös wird, daß man den Schmöker am liebsten in die

Ecke werfen möchte, kommt das Geräusch des Hufschlags eines aus edelster Zucht stammenden Pferdes, auf dessen Rücken eine unwahrscheinlich schöne, sylphidenhaft gewachsene Reiterin in einem enganliegenden Kleide voll natürlicher Anmut im Damensattel sitzt, umrahmt von dem freudigen Gebell eines an seiner Herrin hochspringenden Bernhardinerhundes.

Nunmehr werden vier Seiten dem Kleide gewidmet, um dann die auf dem Pferd Sitzende bis zur Gehirnerweichung zu analysieren. Erst kommt das Augenpaar mit seinem kornblumenblauen, märchenhaft verschleierten Blick, der harmonisch mit den schwellenden Lippen des sanft gekräuselten Mundes einer Oase in der Wüste Gobi gleicht, die dem nach Erfrischung lechzenden, müden Wüstenwanderer Labung spendet. Selbstverständlich werden die beiden Reihen elfenbeinweißer Zähne nicht vergessen, die besonders beim Lächeln zauberhaft in Erscheinung treten.

Gemeint sind natürlich nur die Vorderzähne, weil man ja die Stockzähne nicht sehen kann und diese meist plombiert sind. Erst auf Seite 78 erfährt man, wer die Dame ist, nachdem zunächst ihre wildherbe Art als besonders charakteristisch hervorgehoben und ein leicht spöttisches Lächeln festgestellt wird, das sie durch ein Herabziehen der feingeschnittenen Augenbrauen hervorruft.

Die meisten Menschen hauen das Buch schon auf Seite 30 in die Ecke und sind auf das Weitere nicht neugierig.

Seht ihr, das ist falsch. Man muß die Milieuschilderung lesen, um kennenzulernen, wie so ein Romanschriftsteller imstande ist, ein dickes Buch zu schreiben, in dem lange Zeit außer dem Blumenduft und Zephirbrei nichts vorgeht, und wie er das macht, daß nicht scharf auf ihn geschossen wird. Das mit den Kellnern ist Milieuschilderung, die braucht der Schriftsteller, da gewinnt er Zeit, bis ihm wieder etwas einfällt, also auch ich.

Darum seid nicht ungerecht und weist den Gedanken, daß der Schreiber Dieses geistig zu verarmen beginnt, weit von euch.

Wieder zu Krziwanek. Nach dem Theater ging es besonders hoch her. Da strömten alle Schauspieler, Sänger, Autoren und Komponisten, namentlich nach Premieren, zusammen, und man hatte Gelegenheit, die damals interessantesten Menschen des kulturellen Deutschland kennenzulernen.

Unbeschwerter Frohsinn, Geist und Humor, Witz und Übermut waren die Grundzüge dieser Abende.

Im allgemeinen Restaurant, nicht unter uns, saß oft an einem Tisch allein ein alter Herr mit einem langen weißen Vollbart und blickte ernst und ablehnend. Es war der berühmte Tenor Albert Niemann, ein Sonderling, den niemand ansprechen durfte, weil er sonst sehr unangenehm werden konnte. Da kam eine ältere Dame mit einer Postkarte an seinen Tisch, schwärmte ihm vor, wie sie ihn verehrte und sich seines Tristan erinnerte und bat ihn, ihr auf die Karte ein paar Zeilen zur Erinnerung zu schreiben. Da schlug Albert Niemann mit der flachen Hand auf den Tisch und schrie, daß das ganze große Lokal erschrak: »Das ist eine Unverschämtheit, mich hier zu belästigen; schauen Sie, daß Sie weiterkommen.« Die arme Frau wußte sich vor Schreck nicht zu fassen und war einer Ohnmacht nahe. Das war meine erste Begegnung mit Albert Niemann.

Die damalige Elite aller Berliner Theater kam hin, die populären Komiker Thomas und Guido Thielscher, der ganz junge, faszinierend schöne Paul Lincke, der im Zentral-Theater als Komponist und Dirigent mit seiner »Frau

Luna« beispiellose Triumphe feierte und das Geld nur so scheffelte. Auch alle Autoren waren da, Oskar Blumenthal, der schärfste Kritiker, genannt »der blutige Oskar«, der aber sehr wehleidig und empfindlich war, wenn man ihm irgendeine kleine Ausstellung machte und ihn als Direktor des Lessing=Theaters verriß. Sein Lustspiel=fabrikskompagnon Kadelburg, der alte l'Arronge, der Autor vieler Volksstücke, wie »Mein Leopold« usw., der geistvolle Schriftsteller Paul Lindau, Paul von Schönthan mit seiner schönen, rothaarigen Gattin Grete, einer geistvollen Frau, der Mitautorin vom »Raub der Sabinerinnen«. Dann war auch einmal - noch in blonder Lockenpracht - Gerhart Hauptmann da, dessen »Weber« gerade uraufgeführt wurden.

Herrlich war es, wir waren freie, sonnige Menschen; brauchten nicht nachzudenken, ob wir das oder jenes sagen dürften; man redete, was man sich dachte, und konnte sich ausschimpfen, bis einem leichter wurde.

Eines Tages kam ein abgerissener ... aber nein, erst will ich die Vorgeschichte erzählen.

Da gab es in Breslau, damals vor zwei Jahren, einen Tenor Schlaffenberg. Er war Barbiergehilfe in Krakau und hatte eine solch faszinierende Tenorstimme, daß man ihn ausbilden ließ. Er verdiente sehr viel Geld, weil seine Art auf die Massen wirkte und ihn zu einem großen Kassenmagnet machte. Dieser Schlaffenberg war aber ein zügelloser, aggressiver Mensch, der plötzlich im Wohlleben all seine Vergangenheit vergaß. Ein Bramarbaseur, Aufschneider und Stänkerer, der seiner Provokation wegen in jedem Lokal gefürchtet war.

Bei einer seiner üblichen Prahlereien erzählte er, er sei Oberleutnant bei den ungarischen Pandurenhusaren gewesen, die es notabene gar nicht gab, und habe ein Regiment befehligt.

Da machte einer seiner Mitsäufer einen Scherz und fragte: »Sagen Sie, Herr Schlaffenberg, waren Sie dieser Husaren-Regimentskommandeur, bevor Sie mich in Krakau rasierten oder nachher?«

Da nahm Schlaffenberg die neben ihm stehende Rotweinflasche und warf sie dem Mann derart an den Kopf, daß dieser ins Krankenhaus gebracht werden mußte und knapp mit dem Leben davon kam.

Er hörte auf zu arbeiten, sang seine paar Rollen, wo es nur auf Stimmeffekte ankam, und wußte vor Präpotenz und lästiger Aufdringlichkeit keine Grenzen mehr zu ziehen. Er trank auch an Tagen, an denen er sang, schickte zum Direktor Dr. Loewe und ließ ihm sagen, wenn er nicht umgehend 500 Mark bekomme, singe er am Abend nicht. Das Haus war bis zum letzten Platz ausverkauft, so mußte sich Loewe fügen, wenn er nicht noch größeren Schaden erleiden wollte. Eine halbe Stunde vor Beginn der Oper wurde er vom Ankleider in die Garderobe zum Singen geholt, torkelte ins Theater und sang halb besoffen seinen Part. Die paar Effektstellen zündeten noch immer, und nach der Vorstellung ging das Saufen weiter, und mit Weibern warf er das Geld buchstäblich zum Fenster hinaus.

Von Abend zu Abend wurde er schlechter, in Breslau legte sich schnell die Begeisterung, die Häuser wurden immer leerer, und nach einer Spielzeit stand Herr Schlaffenberg zerrüttet, zertrümmert, stimmlos vor dem Nichts und sank immer tiefer, bis er zum Bettler wurde.

Also, dieser abgerissene, herabgekommene Mensch kam zum Tisch, roch schon von weitem nach Fusel und flüsterte im weinerlichen Bettlerton, er sei der einst so berühmte Tenor Schlaffenberg, der durch Unglücksfälle in diese Lage gekommen sei, und bäte um eine Unterstützung.

Jeder gab ihm etwas, obwohl die meisten Kollegen schon über ihn informiert waren. Da kam der Kellner Leopold, stellte ihn zur Rede, wie er daher betteln komme, und wies ihn hinaus.

Da schrie ihn Schlaffenberg an, er sei hier Gast, zeigte die paar Mark, die er eben bekommen hatte, und verlangte zu trinken. Mit der Androhung, die Polizei zu Hilfe zu holen, gelang es, ihn zu entfernen.

Es war mir eine erschütternde Episode, die mich in meiner Angst um die Zukunft noch mehr bestärkte und mir lange nicht aus dem Kopf ging.

Die Sonntage brachte ich immer bei Onkel Cochius zu, der im Osten Berlins, in der Margaretenschule, der er als Direktor vorstand, mit seinen beiden lieben Schwestern ein behagliches Altberliner Heim hatte.

Auf diesen Tag freute ich mich schon die ganze Woche. Wir lasen »Faust«, die Königsdramen, alles, was ich nicht kannte - ach, und ich kannte ja so wenig.

Er hatte eine so herzliche, taktvolle und interessante Art, alles zu schildern, im Erzählerton mundgerecht zu machen und jedem Dozieren aus dem Wege zu gehen. Ich bin in meinem langen Leben noch nie einem so universell gebildeten Gelehrten begegnet, der sich für alles begeistern konnte, mit dem wärmsten Herzen für die Kunst in jeder Ausdrucksform, der die ganze Welt bereist hatte, und dies mit offenen Augen.

Er war lange Jahre Rektor an der Universität in Tokio, vergöttert von seinen Schülern. Wie wunderbar wußte er zu erzählen von dem damaligen noch recht unmodernen Japan, von China und von andern Überseeländern. Es gab nichts, was er nicht wußte, er kannte jedes Bild und konnte von jedem eine unterhaltsame Geschichte erzählen. Ohne daß ich es merkte, lernte ich so viel, bekam einen Einblick in alles, was zur allgemeinen Bildung gehört. In rührender Liebe hing er an mir und ich an ihm und seinen herzensguten Schwestern.

Mittags gab es immer Hammelkeule nach Altberliner Tradition, wunderbar zubereitet, gutes Bier und auch ein Fläschchen Wein. Da saß ich bei diesen prachtvollen Menschen, die ich vor kurzem noch gar nicht gekannt hatte, wie das eigene Kind und war so glücklich, darin das gnadenvolle Walten des Allgütigen zu sehen, der alles zu meinem Besten in wunderbarer Weise lenkte und mir die edelsten und besten Menschen zu meinem Heile sandte.

Wir beide waren bald in unseren Kreisen zwei bekannte Figuren. Er war sehr klein, ging mir nur etwas über die Hüften, war dick wie eine Kugel, mit ganz kurzen Füßen, einem schönen, weißen Lockenkopf, mit fröhlichen, ganz jungen Augen, obwohl er schon 65 Jahre alt war. Ich war lang und hundemager, maß fast zwei Meter. Da nannte man uns die Stettiner Sänger. Das waren zwei Altberliner Komiker, die in den Reichshallen seit vielen Jahren auftraten und schnodderige Couplets sangen. Sie sahen genau aus wie Cochius und ich und waren auf allen Plakatsäulen abgebildet.

Seine Urteilskraft und sein prophetischer Blick waren einfach verblüffend. Er sagte mir aufs Haar meine Karriere voraus, wußte genau, was mir fehlte, wo der Hebel anzusetzen war. Auch meinen Gesangsstudien wohnte er oft bei, hörte mit ganzem Herzen zu und machte Bemerkungen, die mich oft ob ihrer Fachkenntnis in Erstaunen setzten.

Zehn Jahre war er noch am Leben, der treueste Freund und Berater, liebte meine geliebte Frau und meine Kinder und war bis zum letzten Tage, wie sein ganzes Leben lang, aufnahmefähig für alles Schöne.

Dank ihm für alles, was er mir und den Meinen gegeben hat. Seine beiden Schwestern sind ihm erst viele Jahre später als fast neunzigjährige Matronen gefolgt.

Wenn mein Jugendfreund Otto Witrowsky aus Brünn zu Besuch nach Berlin kam, verbrachte ich manchmal auch einige Abende mit ihm und Rudi Berger, mit dem ich, trotzdem wir beide aus Robinsons Obhut kamen und in derselben Stadt aufgewachsen waren, sehr selten zusammentraf. Er hatte ganz andere Interessen als ich, eine

andere Einstellung zum Leben, die mir gegen den Strich ging, und mit der ich nichts anzufangen wußte.

Aber wenn Otto kam, da mußte ich mit. Man lachte mich ob meiner Sparsamkeit aus, nannte mich einen Harpagon, einen Geizkragen. Die konnten leicht reden, sie waren beide sehr reiche Burschen und fanden einen Lebensstandard selbstverständlich, an den ich mich erst tastend und allmählich gewöhnen mußte. Nun überredeten sie mich, mit ihnen in die Amorsäle zu gehen, ein Etablissement, das einen viel verruchteren Ruf hatte, als in Wirklichkeit gerechtfertigt war.

»Es kostet dich nichts, trinkst ein Glas Bier und fertig. Die Karten haben wir schon.«

Also, ich zog mir meinen Gehrock an, einen Frack oder Smoking hatte ich damals noch nicht, machte mich nobel und kam mir vor wie ein englischer Abgeordneter aus dem Hause der Lords.

Die beiden Lackeln mäkelten an mir herum, meinten, ich wäre unmöglich und sähe aus wie ein Droschkenkutscher vierter Güte bei seiner silbernen Hochzeit.

Mir war das ganz wurscht. Ich ging in die Amorsäle. Rudi wurde dort von den Damen als alter Stammgast stürmisch begrüßt, er war ein bildhübscher Junge, auch an die 2 Meter groß - sie hängten sich an ihn und verlangten gleich etwas zu trinken, zeigten auf mich und fragten: »Wo hast du denn diesen Popanz aufgelesen?« - »Der ist wohl aus Jüterbog oder gar aus Treunbrietzen, was? Rudi, den hättste nicht mitbringen brauchen.«

Ich hätte diesen Menschern am liebsten ein paar Ohrfeigen verabreicht.

Rudi stellte mich als den leitenden Tenor der Königlichen Oper vor, der von Geld stänke und an den sie sich halten sollten. Obwohl sie der Vorstellung nicht recht trauten, wurden sie, falls ich doch vielleicht von Geld stänke und ein Kapitalist wäre, ziemlich zudringlich.

Da wimmelte ich sie mir mit ein paar Scherzen ab, sagte, ich sei Postassistent in Ludwigswalde im Fichtelgebirge. Ich sang ihnen ein paar Schnaderhüpferln ins Berlinerische übersetzt vor, die so eine Jungfrau auf der Laute begleitete, nachdem ich ihr die Melodie vorgesummt hatte. Sie versammelten sich alle um mich, ließen Rudi und Otto links liegen, und ich war der Hahn im Korbe.

Rudi schickte mir Blumenmädchen, eine Palastdame mit

Birnen, eine Johanna d'Arc mit Bonbons, die ich alle mit Scherzen zu Otto und Rudi schickte, die mich eingeladen hätten und alles bezahlten. Die beiden Jungens kamen nicht auf ihre Rechnung, nannten mich einen schmierigen Dreckian, der in jeder anständigen Gesellschaft unmöglich sei.

Das war mein Debut und zugleich meine Abschiedsvorstellung in den Amorsälen.

Erheiternder waren die Vorstellungen im Opernhaus, bei denen wir in der Künstlerloge saßen und uns unsere Rollen von andern Kollegen vorspielen lassen mußten. Außer Emmy Destinn und Rudolf Berger hatte ich an diesen Abenden meist noch drei weitere Leidensgefährten. Das waren Albert Heine, Paulsen und Roderich Arndt, dessen Vater ein prominenter Väterspieler am Schauspielhaus war.

Mein Gott, was haben wir da oben an der Zuschauerraumdecke, wo man nur ein Eckchen der Bühne sehen konnte, geschimpft. Wie erleichternd und herzerquickend war das Fluchen, wenn es vier auf einmal tun konnten. Paulsen und Albert Heine haben, ebenso wie ich, bald Reißaus genommen und sind, welch ein Zufall, zwei großartige Schauspieler geworden und beide Direktoren des Burgtheaters in Wien.

Albert Heine war ein wunderbarer Mephisto, Richard III., Lear, Franz Moor usw.; Paulsen, gleichfalls als Schauspieler überragend, wurde der Gatte von Hedwig Bleibtreu und lebt noch in Wien in Pension.

Roderich Arndt ist an ein kleineres Hoftheater als Schauspieler und Regisseur gekommen, hat eine Familie gegründet, sicher einen Haufen Kinder in die Welt gesetzt, hat wohl Schauspielunterricht gegeben und so die Karriere des geruhsamen, guten Schauspielers erlebt. Am kleinen Hofe beliebt, in der kleinen Residenz als Hofschauspieler von jedermann gekannt, geschätzt und, wenn er auf der Straße ging, ununterbrochen gegrüßt. Es ist nicht ausgeschlossen, daß er eine zuzelnde oder stotternde Prinzessin reden gelehrt hat, ich weiß es nicht, aber es ist anzunehmen. Wenn er schon gestorben ist, so wurde ihm sicher vom ersten Helden mit tönendem Organ versichert, daß er in den Annalen des Hoftheaters und im Herzen seiner Kollegenschaft weiterleben würde.

Das wäre nun Berlin von damals, als ich noch im Flügelkleide war, unwahrscheinlich jung, vollgepfropft mit Begeisterung, fanatischer Arbeitsgier, unbändigem Übermut und einem reinen, poesievollen, dankbaren Herzen.

Als ich zum Abschied der lieben »Mutter Insel« noch eins anhängte, indem ich ihr sagte, daß sie eine alte Kanaille wäre und ich jetzt, wo ich fortginge, ihr am liebsten eine in die Goschen hauen möchte, schnappte sie nach Luft und vergaß, mir »Glückliche Reise« zu wünschen.

Ihr letztes Wort war: »Sie olla Rüdiger«. Sie meinte aber nicht den Vornamen, wie zum Beispiel Graf Rüdiger den Nibelungen, nein, sondern leitete ab von rüde - Rüpel.

Vom Anhalter Bahnhof, der damals nur vier Geleise hatte, fuhr ich nach Wien zu meinen lieben Robinsons und zu meiner Familie nach Brünn, traf mich dann in Luzern mit Onkel Cochius, um mit ihm in der herrlichen Schweiz einige Wochen zu verbringen.

Es gab damals sehr billige Monatskarten, mit denen man alle Strecken in der Schweiz, sooft man wollte, hin- und herfahren konnte, wovon ich, wie bei den Semmeln bei Aschinger, den schamlosesten Gebrauch machte.

Onkel Cochius mußte trotz seiner 65 Jahre überall mit. Seine Schwestern saßen in Rigikaltbad, oberhalb des Vierwaldstättersees, und erwarteten uns. Es war eine herrliche Zeit.

Da erinnere ich mich einer Szene am Monte Salvatore in Lugano. Mit der Drahtseilbahn fuhren wir hinauf. Von dem Aussichtsplatz war ein derart überwältigender Rundblick, daß wir beide nicht sprachen, um uns nicht zu stören. Auf einmal schnarrt eine unangenehme Stimme neben mir: »Ach, sachen Se mal, is das der Lacho di Luchano oder der Lacho di Gomo?« in einem verheerenden, die Berge verbiegenden Sächsisch. Ich sage: »Das ist der Lago di Lugano.«

»Nu hammersch und ich dachte, 's wäre der Gomo. Mein selcher Mann sachte - Amalia, sachte er . . .«

Da Cochius so weit von meinem Gesicht weg war, daß seines nur bis zu meinen Hüften reichte, legte er die Hand vor den Mund und fauchte: »Schaff dir die Alte vom Hals.« Er meinte, wenn er die Hand vor den Mund hielte, so hörte man ihn nicht.

Die Dame zog sich dann gleich zurück: »Tschuldigen Se, 's war nur die Frache!« Cochius sagte: »Eine falsche Antwort hast du ihr auch gegeben, es ist doch der Como, nicht der Lugano.«

Nach der schönen Schweizer Zeit fuhr ich wieder nach Wien zu Robinson, mich einzusingen und für die Breslauer Saison vorzubereiten.

Anfang September ging's nach Breslau in mein größtes Glück, das mir in meinem ganzen Leben widerfahren ist. Bis jetzt war alles nur Vorbereitung, nun begann erst das Leben selbst, das begnadete Leben - das Märchen.

Viertes Kapitel

MEIN LEBENSMÄRCHEN BEGINNT

Am 15. September begann mein Vertrag in Breslau, für den 16. September war ich als Tannhäuser angesetzt. An allen, auch den größten Stadttheatern war es Gesetz, daß die abendfreien Schauspielerinnen und Schauspieler im zweiten Akt »Tannhäuser« als Gäste des Landgrafen auf der Wartburg mitmachen, um dem Ganzen durch Kostüme und edle, autoritäre Bewegungen einen würdigen Rahmen zu geben.

Nachdem alle Sänger in die Halle eingetreten waren, kam ich zum Schluß, als Letzter, begrüßte den Landgrafen und Elisabeth, wendete mich dann an den Kreis der Ritter und Edelfrauen, um auch diese zu begrüßen.

Auf einmal stockt mir der Atem. Auf der Estrade steht ein wunderholdes Ritterfräulein in einem hellblauen Seidengewand; offenes, aschblondes Haar, ein lieblich schönes, frauliches Antlitz mit großen kornblumenblauen Augen, wundervoll gewachsen. Fasziniert von diesem Anblick vergaß ich fast das Spielen, starrte sie lange an, daß alle schon aufmerksam wurden. Endlich, als ich hörte, daß meine Musik zu Ende ging, riß ich mich los und ging ganz benommen auf meinen Platz.

Im letzten Akt stellte ich mich bereit zu meiner Romerzählung. Man sagte ihr, sie solle sich diese anhören.

Da kam sie auch dazu.

Ich begrüßte sie, stellte mich vor, sie sagte »Wertheim«. Der Übermutsanfall kam über mich, ich machte Dummheiten, beglückwünschte sie, daß sie mit mir dieselbe Luft atmen dürfe. Sie lachte sehr, und ihr Urteil, das sie zum Regisseur über mich aussprach, war: »Ein junger Hund«.

Ich fragte natürlich auch sehr interessiert, wer sie sei, da gab man mir die Auskunft: »Das ist unsere jugendliche Sentimentale, unser Gretchen, Klärchen, Johanna d'Arc, Desdemona, kurz unsere Wertheim, eine ausgezeichnete Schauspielerin aus guter Wiener Patrizierfamilie. Die ist ganz anders als alle andern, sie geht nicht auf den Theaterton ein und wird von allen Kollegen wegen ihrer so lieben und vornehmen Art respektiert.«

Man gab das Lustspiel »Ein Glas Wasser«. Sie spielte die Königin Anna von England so reizend und hinreißend, daß ich ganz begeistert aus dem Theater zur Blumenhändlerin von rückwärts ins geschlossene Geschäft ging, schnell ein paar schöne Rosen kaufte und sie ihr in die Garderobe sandte.

Am Probezettel las ich: »Brautfahrt, Bühnenprobe mit Requisiten«, unter andern Fräulein Wertheim. Zehn Uhr. Um dreiviertel zehn Uhr stand ich an der Bühnentür. Ich hatte nie die richtige Begabung, mich im Privatleben vorteilhaft anzuziehen, legte auf mein Aussehen weiter keinen Wert und muß eigenartige Eindrücke hinterlassen haben.

Ich trug eine Pepitahose, weißschwarz kariert, eine blaue Weste und einen braunen Samtrock, ein weißes, weiches Hemd mit Schillerkragen und eine weißblau getupfte Lavallierekrawatte. Dazu einen grauen Halbzylinder, sehr lange Haare, die ich mit schnellender Kopfbewegung alle fünf Minuten nach hinten warf, wozu ich jedesmal blöderweise den Hut herunternahm und wieder aufsetzte.

Als sie kam, stürzte ich ihr entgegen und sagte ganz aufgeregt: »Fräulein, Sie müssen mich heiraten, ich liebe Sie.«

Sie lachte hell auf, da ich in diesen drei Minuten achtmal den Hut heruntergenommen und wieder aufgesetzt hatte, und meinte, daß ich ein Wurschtel wäre.

Ich stellte das in Abrede und versicherte, ich sei ein ernster Mensch. »Aber, liebes Fräulein, Sie sind zum Fressen und so irrsinnig lieb, daß Sie mich heiraten müssen.« Es schlug 10 Uhr, sie mußte zur Probe.

Ich setzte mich ins finstere Parkett, sah ihr zu und ließ das wundersüße Gift der Liebe in meine Seele träufeln.

Nach der Probe war ich schon wieder da und bat, ob ich sie nach Hause begleiten dürfe. Das lehnte sie ab, sie nahm mich nicht ernst und war der festen Überzeugung, einen Halbnarren vor sich zu haben, wie das bei Tenören oft vorkommen soll.

Ich steckte mich hinter die Gattin unseres Dramaturgen, der ich meine Liebe zu Fräulein Wertheim gestand; ich bat sie, uns doch einmal zusammen einzuladen, was sie begeistert tat, denn Ehestiften ist ja von jeher eine Schwäche der Frauen gewesen.

Inzwischen lebte ich auf der Straße, stand an allen zugigen Ecken herum, um sie abzupassen, plötzlich auf=

zutauchen und sie zu grüßen. Mehr traute ich mich nicht, weil sie es doch ablehnte, sich begleiten zu lassen.

Es kam der Abend der Einladung, ich machte mich fein.

In Wien hatte ich mir im Sommer einen Frack und Smoking machen lassen müssen, kam also im Smoking, Lackschuhen und Bügelfalte, einem steifen Hemd, das mir immer beim Sitzen in die Höhe zum Halse schoß und das ich mit einem Schlag mit der flachen Hand wieder in seine Schranken wies, ließ mir die Haare schneiden, - damals waren sie gelockt - und sah ganz reputierlich aus.

Ich machte sie darauf aufmerksam, wie schön ich mich für sie gemacht hätte, sagte ihr, daß sie ja doch meine Frau werden würde, ja werden müßte, denn kein anderer Mann auf dieser Welt könnte sie so liebhaben wie ich, sie würde jeden Tag ein warmes Nachtmahl bekommen, und so folgte ein Scherz dem andern. Sie lachte viel, und da ich vielleicht im Laufe des Abends hie und da etwas Vernünftiges gesagt haben mochte, war sie doch nicht mehr so ganz davon durchdrungen, daß ich ein nicht ernst zu nehmender Halbnarr sei.

Da ich mich jedem, auch dem Hausmeister des Theaters, eröffnete, wie ich das Fräulein Wertheim, die entzükkende Ritterdame aus dem »Tannhäuser«, liebe, lud man uns oft zusammen ein, setzte uns nebeneinander, und ich war selig. Als ich sah, daß es ihr lieber war, wenn ich ernst war und nicht in Drolerien schwelgte, begann ich sehr gescheit daherzureden, machte Pläne, was ich ihr alles kaufen werde, wenn wir verheiratet seien. Die scherzhafte Maske fiel, und an ihre Stelle trat Herzenswärme, die auch sie etwas wärmer machte.

Ich sagte ihr, wie ich sie auf Händen tragen und für sie sorgen würde und sie mit inniger Liebe umgeben möchte.

Da hat sie vielleicht doch den wahren Kern meines Wesens herausgefühlt, und als ich sie wieder fragte, ob sie denn nicht meine Frau werden wolle, antwortete sie: »Ich werde es mir überlegen, jetzt kommen meine Mutter und Schwester aus Wien auf einige Monate zu mir, da werden wir sehen, was wird.« Ich sandte ihr täglich einen Veilchenstrauß - teure Blumenarrangements verbat sie sich -, schrieb täglich dreimal 16 Seiten lange Briefe und zitterte vor der Mutter.

Mein Hausherr, bei dem ich zwei möblierte Zimmer gemietet hatte, war ein Maler. Ein Marterlmaler. Ein scheußlicher Maler! Er malte mich und stellte mich in einem Zigarrengeschäft in der Schweidnitzerstraße aus.

Selbstverständlich ist es nicht verborgen geblieben, daß der erste Tenor sterblich in die erste jugendliche Sentimentale verliebt ist und sie heiraten will. Da führte man die Mutter zu dem Bild und sagte: »Ihr Schwiegersohn.« Da rief die Mutter: »Jessas, das ist ja a Bua!« Ich will nun nicht zu weitläufig werden. Nach einigen urwüchsigen Gesprächen mit der Mutter, als ich um Liserls Hand anhielt, fragte sie diese: »Ja, magst ihn denn?« - »Ich weiß nicht, Mama, wenn er da ist - ja, wenn er weg ist - nein.«

Nach allen möglichen Hinauswürfen und Wiederaufnahmen kam es doch so weit, daß in den Zeitungen stehen konnte: »Elsa Wertheim - Leo Slezak - Verlobte.«

Ich habe im »Rückfall« ausführlich meine Bräutigams- und Verlobungszeit geschildert und das Verslein von der glücklichsten Zeit im Leben, der Brautzeit, ad absurdum geführt. Selbst wenn diese sprunghaften und unberechenbaren Qualen nicht gewesen wären, die mir zuteil wurden, war diese Zeit für einen sensitiven Menschen eine sehr schwere Belastung.

Um dreiviertel zehn Uhr abends wurde mir der Hut auf= und ich an die Luft gesetzt. Manchmal wollte ich nicht direkt nach Hause gehen, also besuchte ich noch den Kol=legenstammtisch, wo man immer nach dem Theater zu=sammenkam.

Es war allgemein üblich, einen Bräutigam und noch dazu einen so verliebten Bräutigam ein bißchen hochzu=nehmen und harmlos zu verspotten, wofür ich aber in meiner heiligen Scheu und Ehrfurcht vor meinem Zustand kein Verständnis hatte.

Ich bat also in ernstem, vielleicht zu ernstem Ton meine Kameraden, davon abzusehen und den Namen meiner Braut nicht am Biertisch zu profanieren. Das wurde von allen, erst schmunzelnd, dann als selbstverständlich re=spektiert.

Nur ein Kollege, ein Wiener, ein Frechling mit wenig Taktgefühl, hielt sich nicht an diese meine Bitte und machte eine mich unangenehm berührende Bemerkung. Ich stand auf, gab dem Herrn zwei Ohrfeigen, zog meinen Pelz an und ging.

Überall witterte ich Mangel an Respekt vor uns Theaterleuten. Wenn ich mit meiner Braut nach altväterischer Sitte per Arm auf der Straße ging und es drehte sich jemand um - sie war ja des Umdrehens wert - ließ ich die Arme stehen, ging zu dem Betreffenden hin und fragte scharf mit vollem Organ und rollenden Augen: »Wünschen Sie etwas?« Meine herkulische Erscheinung und mein drohendes Gehaben ließen es nicht ratsam erscheinen, etwas »zu wünschen«, und man zog mit einer Entschuldigung ab.

Im Gasthaus beim Essen bildete ich mir ein, daß dieser oder jener meine Braut etwas länger ansehe, das genügte mir schon, um den Betreffenden zur Rede zu stellen und draußen auf der Toilette abzuohrfeigen.

Ich wundere mich nur, daß mir das damals, ohne schwer gestraft zu werden, durchgegangen ist.

Nach jeder solchen Szene wurde die Verlobung gelöst, ich für einen Rohling erklärt, vor dem sie Angst habe. Schwere Mühe hat es dann immer gekostet, die Sache wieder einzurenken und zu erreichen, daß ich wieder verlobt war. Das waren alles krankhafte Überreizungen, die die sonnige, wonnige Brautzeit mit sich brachte.

Dabei waren wir nur alles in allem sechs Wochen verlobt. Wenn das ein Jahr gedauert hätte, wäre ich rettungslos der Gummizelle verfallen.

Mein Liserl war so einsichtsvoll, daß sie als verheiratete Frau nicht auch beim Theater bleiben wollte. Sie brachte mir das schwere Opfer und verabschiedete sich sechs Tage vorher als Johanna in der »Jungfrau von Orleans«. Da ich in die Munifizenz und Generosität der damaligen Breslauer kein allzu großes Vertrauen setzte und ich doch wollte, daß der Abschied mit vielen Blumen und Kränzen gefeiert würde, ließ ich ungefähr zehn Lorbeerkränze machen und die Bänder mit den kühnsten Aufschriften versehen: »Ein stiller Verehrer«, »Eine begeisterte Familie«, »Eine heimliche Wertheimgemeinde«, alle anonym, Verse aus ihren Rollen: »Bis heute hast du Tausende beglückt, und einen zu beglücken wirst du enden.« Auf meinen Kranz schrieb ich, kühn zurecht frisiert, ihre letzten Worte, die sie als Johanna sagt: »Ein andrer Himmel öffnet seine Tore, der schwere Panzer wird zum Brautgeschmeide, und in der Ehe blüht dir ew'ge Freude«. Als es zum Schluß ging, stand ich in der ersten Kulisse, vor mir Dr. Loewe, mein Direktor. Den nahm ich bei den Schultern, hob ihn in die Höhe und stellte ihn hinter mich, weil ich die letzten Worte, die sie auf der Bühne sprach, gut hören und ihr liebes Gesichtl sehen wollte. Aber die Breslauer haben mich sehr beschämt. Der Jubel nach Aktschluß war überwältigend. Ein Meer von Blumen und Kränzen sammelte sich auf der Bühne um die scheidende Johanna. Durchs Guckloch sah ich viele gerührte Gesichter und feuchte Augen. Ich war selber ganz aufgelöst. Das Liserl stand da, still, rührend einfach und ein wenig resigniert. Für sie war das kein leichter Augenblick, denn sie war mit Leib und Seele Künstlerin.

Nach der Vorstellung wurden alle Blumenspenden ins Hotel Monopol gegenüber dem Theater gebracht, dort in einem Vorraum übersichtlich ausgelegt, damit sie alles schön zu sehen bekam, bevor wir zum Essen gingen. Bei der Besichtigung fing sie plötzlich hellauf zu lachen an, und die Mutter rief taktvoll: »Dös ist ja alles vom Läo!«

Ich gab ihr einen Stoß, weil ja auch Zeitungsleute dabei waren, und leugnete entrüstet. Da flüsterte mir Elsa ins Ohr: »Wenn ein Breslauer etwas schenkt, dann niemals anonym!« Erst viel später habe ich meine Täterschaft eingestanden.

Nun kam der heißersehnte 15. Februar, der Hochzeitstag.

Um 9 Uhr fuhren wir aufs Standesamt. Es empfing uns der Beamte in Frack, Gummihemdbrust und Gummikragen, eine etwas poplige weiße Krawatte um den Hals, und behauptete, er hieße Wimmer. Als er aufstand, sah man seine graue Werktagshose. Er sprach einige nette Worte, schenkte uns seine Fotografie, und als wir »Ja« gesagt hatten, waren wir Mann und Frau. Endlich! Gott sei gelobt!

Um halb zwölf Uhr war die kirchliche Trauung in der Gabitzkapelle, einem kleinen intimen Kircherl in der Gabitzstraße.

Von meiner Familie kamen mein Vater und Tante Gabriele Schneidinger, dann der Bruder meiner Frau und Papa Robinson, Onkel Cochius war leider bettlägerig - wie schade! Als wir die Braut abholen kamen, und sie uns im Brautkleid blaß, still und fraulich entgegenkam, waren mein Vater und ich so überwältigt, daß wir beide laut aufweinen mußten. Der Vater rief: »Mein Gott, das ist ja die ganze Mutter!« Meine liebe Mutter, die mir in meiner Elsa zurückgegeben war.

In ihrem Brautkleid mit dem Schleier und der Myrtenkrone stand sie da wie ein holder Engel, eine Fee aus einem Märchen. Ich habe dieses Bild im Leben nie mehr vergessen.

Es war ein eisig kalter, bewölkter Februartag, meter-hoher Schnee auf den Straßen. Der Weg zur Kirche war ein Triumphzug im wahrsten Sinne des Wortes. Tausende von Menschen säumten die Straßen. In die Kirche konnte man nur mit Karte eingelassen werden, dichtgedrängt standen die Menschen, jeden kleinsten Winkel ausfüllend, und man konnte uns nur mit Müh und Not Platz schaffen, um zum Altar zu gelangen.

Ein Kollege sang Ruths Gesang mit dem Text: »Wo du hingehst, da geh auch ich hin, wo du stirbst, da will auch ich begraben sein.« Das ist an uns zur herrlichsten Wahrheit geworden.

Als man uns die Hände ineinanderlegte und die Ringe ansteckte, brach die Sonne aus den Wolken hervor und beschien nur uns beide am Altar. Es war die sichtbare Gnade Gottes. Nach der Trauung ging es wieder durch die Via triumphalis zum Hochzeitsmahl.

Nach dem Essen verschwanden wir beide bald, ich brachte mein geliebtes Weib nach Haus, nahm ihr der Sitte gemäß das Kranzerl von ihrem Haupt, und sie war mein - mein über den Tod hinaus. Ich glaube nicht, daß es einen glücklicheren Menschen auf der Erde geben konnte, als ich es war.

Das, meine geliebten Kinder, war unsere Hochzeit. Mit diesem 15. Februar begann das holde Wunder, das der liebe Gott an mir vollzogen hat, das herrliche Märchen meines Lebens, das mir treu geblieben ist, bis ich ihr ihre schönen, gütigen Augen schließen mußte.

Acht Tage hatte ich Urlaub, den wir in Berlin verbrachten. Heimgekehrt, kam allmählich Ruhe und Seelenfrieden über uns beide.

Von den Hochzeitsgästen möchte ich noch einige Worte

der lieben Tante Gabriele Schneidinger und ihrem Gatten, dem bedauernswerten Onkel Grndouschek widmen.

Er hieß gar nicht Grndouschek. Grndouschek ist ja gar kein Name, sondern die Sache war so: Er hatte auf der rechten Wange ein behaartes Muttermal, das im Proß=nitzer Eingeborenen=Deutsch »Grnd« hieß. So nannte man ihn Grndouschek. Uneingeweihte hielten Grndouschek für das Zärtlichkeitsdiminutiv eines Vornamens. Das war falsch. Erst nach seinem Tode erfuhr man aus dem Parte=zettel, daß er Anton hieß.

Die Tante war ziemlich wohlhabend, aber nichts gebend und überall dabei, wo es etwas zu erleben oder jemanden zu beleidigen gab. Sie hieß allgemein die Vitrioltante mit dem Basiliskenblick, beleidigte alle Welt und war von einer gottbegnadeten Taktlosigkeit in allen Lebenslagen. Sie war so unverschämt, daß sie jeden entwaffnete und man kaum zur Besinnung kam, ihr richtig zu antworten. Ein kurzer Dialog bei der Hochzeit mit unserer Mutter war köstlich: »Meine gute Frau von Wertheim, Sie kön=nen sich alle Finger abschlecken, daß Ihre Tochter den Leo bekommen hat, der Mann hat Millionen.«

»Wo hat er s' denn?«

»In der Kehle.«

»Also außa damit. Übrigens möchte ich Ihnen, liebe Frau von Schneidinger, mitteilen, daß wir dem Leo nicht nachgerennt sind, sondern daß er sich zerspragelt hat, meine Elsa zu kriegen. Wir haben ihn oft genug hinaus=geschmissen.«

»Aber ich bitte Sie, Frau von Wertheim, das sind ja Fabeln, es ist ja allgemein bekannt, daß alles Erdenkliche geschehen ist, um ihn zu ködern -«

»Was heißt das - ködern? Wir ködern niemanden, ver=

stehen Sie, das ist eine Unverschämtheit. Die zwei haben sich gern, und Sie sind eine mißgünstige, neidische und unangenehme Frau, die ich nicht mehr zu sehen wünsche.«

Tante Vitriola rollte die Augen und sagte als Abgesang: »Sie sind eine unfeine Frau« und machte sich an den armen Papa Robinson heran, der in fünf Minuten derart schachmatt war, daß er nicht mehr aus und ein wußte, bis sich mein Vater hineinmischte und sie eine »alte bösartige Kanaille« nannte. So ist sie mit allen verfeindet nach Krems zurückgefahren, um ihrem Gatten wieder die Hölle heiß zu machen.

Sie war, wie alle bösartigen Verwandten, aus Proßnitz. Proßnitz ist ein kleines Städtchen in Mähren, unweit von Olmütz, mitten in der Hannakei, dem fruchtbarsten Fleckchen des damaligen Österreich, gelegen und zeichnet sich durch besonders hochentwickelte Reizlosigkeit aus. Die Menschen, die dieses Städtchen bewohnten, waren ungewöhnlich strenge aufeinander eingestellt. Dort hatte die Tradition unserer Familie ihren vernichtenden Hauptsitz.

Von jedem der Familienmitglieder wußte man irgend etwas Abfälliges, Zermalmendes zu sagen, und wenn ich später als illustrer Gast im »Deutschen Haus« ein Konzert gab und in trautem Familienkreis einige Stunden verweilen und das wohlwollende Kobragift schlürfen durfte, war mein Bedarf an Proßnitz und den »gütigen Verwandten« auf Lebenszeit gedeckt. -

Dann aber richtete ich es klugerweise so ein, daß ich in Olmütz wohnte und nur zum Konzert hinüberfuhr. Es waren nur einige Kilometer.

Ich empfing die Familie in corpore herzlichst nach dem Konzert im Künstlerzimmer, und nachdem ich von allen abgeküßt worden war, fuhr ich selig nach Olmütz zurück.

Also, aus diesem lieben Proßnitz, dem Stammsitz alles Familiengeschehens, war Tante Gabriele. Sie lebte in Krems an der Donau. Man sagt, sie habe sich in Proßnitz so unmöglich gemacht, daß sie sich nicht mehr halten konnte. Man grüßte sie nicht mehr.

Onkel Grndouschek, ihr Gatte, war auch ein Original. Er war schon über siebzig Jahre alt, Oberleutnant der Infanterie und hatte in seiner Militärzeit den verantwortungsvollen Posten eines Kommandanten der Schwimmschule in Gospicz an der serbischen Grenze inne.

Bei jeder Gelegenheit zog er seine alte Infanterieuniform an, die kein Mensch mehr kannte und die wie eine Maskerade wirkte. Es war noch dieser weiße Waffenrock mit grünen Passepoilen und blauen Hosen, die nach damaliger Vorschrift schon von den Knien abwärts große Ziehharmonikafalten bildeten, auf die er sich immer mit den Absätzen drauftrat. Bei meinem Besuch in Krems ging er sonntags so in die Kirche. Ich genierte mich, weil die Leute vor Vergnügen wieherten.

Er war ein harmloser Mußschweiger, denn sowie er den Mund auftat, ertönte ein schrilles: »Halt's Maul, Grndouschek, das verstehst du nicht!«

Er wurde, wie die Proßnitzer Fama sagt, nachdem er fünfundzwanzig Jahre Leutnant gewesen war, in Pension geschickt, weil er in jeder Beziehung versagte. Man hat ihm als Pflaster den Rang eines »Titularoberleutnants« verliehen. Seit dreißig Jahren fischte er in der Donau, ohne je etwas gefangen zu haben, was ihn aber nicht hinderte, jeden Morgen bei jedem Wetter mit allem Fangzeug, Netzen zum Einziehen von besonders großen Fischen und allen möglichen Behelfen zur Donau zu gehen.

Zu mir faßte er Vertrauen und ging ein bisserl aus sich

heraus, erzählte von den Schlachten im Jahre 1854 in Italien, die er mitgemacht hatte, wie man gegen die feindliche Reiterei Karrees mit aufgepflanztem Bajonett gebildet hatte und nur alle Viertelstunden einen Schuß abgeben konnte, weil man mit dem Ladestock erst das Pulver herunterstoßen mußte. Dann kam die Kugel und dann kam noch etwas, das habe ich vergessen, denn ich war auf diese heroischen Details nicht allzu neugierig.

Da an der Donau so viele Gelsen und Stechmücken waren, die einem das Leben versauten, hatte er eine Art Drahthelm, wie ihn die Studenten beim Fechten tragen. Diesen lächerlichen Helm setzte er aber schon daheim auf und ging so zum Gaudium der wohlgeübten Kremser durch die ganze Stadt. Um den Leib hatte er eine Botanisierbüchse mit seiner Wegzehrung - er blieb meist über Mittag am Fluß, um dem unerfreulichen tête-à-tête mit seiner Gattin auszuweichen. Ein lieber alter, harmloser Herr, mit dem Gesichtskreis eines Zwergrattlers.

Er starb im Alter von 81 Jahren an der Donau. Beim Fischen ist er eingeschlafen und nicht mehr erwacht. An der Angel war ein kleiner Weißfisch.

Fünftes Kapitel

ERSTES GASTSPIEL IN LONDON KOLLEGEN UND FREUNDE BEGEGNUNGEN UND SCHICKSALE

Inzwischen hatte Direktor Loewe ein Gastspiel in London am Coventgarden-Opernhaus abgeschlossen. Die Saison in Breslau ging zu Ende, und Mitte Mai fuhren wir nach London, zum erstenmal in die ganz große Welt. Ich war für Lohengrin, Tannhäuser und leider auch für den jungen Siegfried engagiert.

»Tannhäuser« und »Siegfried« dirigierte Felix Mottl und den »Lohengrin« der damals sehr berühmte Italiener Mancinelli. Der erste Eindruck der Londoner Oper war für mich, der ich gewohnt war, alles gewissenhaft vorzubereiten und zu proben - kläglich.

Es wurde mir der Abend meines ersten Auftretens als Lohengrin mit einem gedruckten Repertoirezettel angesagt, keine Verständigungsprobe - nichts. Ohne meine Partner oder auch die Dekorationen und regiemäßigen Einteilungen zu kennen, mußte ich auftreten und mich in den kleinen Gesangspausen vorstellen.

Ich spielte und nahm meine Stellungen eben so ein, wie ich es gewohnt war, und richtete mich dann wieder nach den andern, sodaß kein Tohuwabohu entstand. Der Kampf mit dem Telramund - Bertram war ein ödes Aufeinanderherumklopfen, und ich war froh, als ich ihm das

Schwert auf die Brust setzen und ihn für besiegt erklären konnte.

Der berühmte Mancinelli erschien mir nicht mehr so berühmt, trotzdem ich nur von Breslau kam.

Die Vorstellung war eine sehr mittelmäßige Angelegenheit in großer Aufmachung. Ein in Wasser ohne Salz gekochtes Kartoffelpüree auf einer herrlichen, silbernen Riesenschüssel von zwei Kellnern mit goldenen Tressen serviert.

Wie das in diesen großen internationalen Opernhäusern üblich ist, wurde jede Oper in der Sprache, in der sie geschrieben ist, gegeben, und es gab drei Chorkörper: Deutsche, Italiener und Franzosen. Bei einer deutschen Oper standen die deutschen Chorsänger vorne und sangen deutsch. Hinter ihnen die Italiener und Franzosen, die sangen italienisch und französisch. Bei italienischen Opern standen die Italiener und bei französischen die Franzosen vorne.

Nun ist die musikalische Gewissenhaftigkeit bei den verschiedenen Nationen eine grundverschiedene. Die Deutschen sind streng, musterhaft und rhythmisch genau erzogen, die Italiener auch sehr gut studiert, nur in einer andern, unserem Empfinden fremderen, ziemlich abweichenden Art, während es die Franzosen mit der Genauigkeit und dem Wert der Noten nicht so tragisch nehmen, speziell bei nichtfranzösischen Opern. Wenn dann ohne Proben alle zusammenkamen und am Abend vor dem Publikum jeder seine Meinung vertrat, kann man sich vorstellen, was da für das Ohr eines Wissenden herauskam.

Der schwere Chor im ersten Akt »Lohengrin«: »Ha, seht ein Schwan - ein Ritter drin -«, der an und für sich schon sehr heikel ist und selbst an den größten deutschen Theatern oft an Präzision zu wünschen übrig läßt, war ein heilloses Durcheinander. Zuerst waren die Deutschen fertig, dann sangen die Italiener noch einige Takte, dann hinkten die Franzosen bedenklich nach und hatten das letzte Wort. Es war niederschmetternd.

Das genierte aber den berühmten Mancinelli wenig, er lächelte selbstzufrieden vor sich hin und strich seinen schönen, wohlgepflegten, schneeweißen Vollbart.

Selbstverständlich war das Solopersonal erstklassig, von allen Theatern Europas der Rahm abgeschöpft. Ich will damit nicht sagen, daß ich mich schon damals als »Rahm« fühlte, aber da ich nun einmal mitten drinnen war, wurde ich zum Schlagobers.

Meine Elisabeth und meine Elsa war die berühmte Ternina, eine Vollblutkünstlerin, die wunderbare, edle Gestalten schuf und mit einer herrlichen, sonoren Stimme, die der edelsten Akzente fähig war, sang. Es war ein erhebendes Gefühl, mit so einer Frau als Partnerin auf der Bühne stehen zu dürfen.

Meine Brünhilde in »Siegfried« war die damalige Bayreuther Brünhilde Gulbranson, der Mime Hans Breuer, ebenfalls aus Bayreuth. Ich habe mich allerdings schon damals für die Art der Bayreuther Schule nicht so recht erwärmen können. Alle Sänger, die nicht rechtzeitig abgeschwenkt sind und den sogenannten »Bayreuther Stil« geändert haben, sind bald vom Schauplatz verschwunden und meist als Hilfsregisseure oder ehrbare Theaterbeamte in die Versenkung gefallen.

Das krasseste Beispiel war schon der Tenor Alois Burgstaller. Er sang zwei oder drei Bayreuther Festspielsaisons, und seine Karriere war zu Ende.

Die jungen Leute mußten den ganzen Winter über unter der Leitung von Generalmusikdirektor Kniese, dem Musikpapst und Vertrauten der Frau Cosima Wagner, ihre Rollen immer mit voller Stimme plärren, bis ihnen die Eingeweide bei sämtlichen Öffnungen hervorquollen.

Nun ist das Wagner=Singen, besonders der »Ring« und »Tristan«, an sich schon eine jede Stimme schwer bela=stende Angelegenheit, wenn es nicht mit weiser Einteilung gepaart ist, die man sich aber erst mit einer gewissen Reife erwerben kann. Wie mörderisch ist es dann, wenn ein junges Organ derartig überanstrengt und malträtiert wird, wie es damals unter Kniese geschah.

Wieviel schöne Stimmen sind vernichtet worden, die schon fertig gemacht wurden, ehe sie zum Auftreten ka=men. Felix Mottl war ja enragierter Bayreuthianer, aber mit Knieses Methode nicht einverstanden.

Ich mußte den jungen Siegfried ohne jeden Strich sin=gen, eine Tierquälerei sondergleichen für die Sänger und auch für die Zuhörer. Ich war unglücklich und bat ihn,

doch die üblichen Striche zu machen; das lehnte Mottl aber ab, er wolle den Engländern einmal den richtigen Wagner vorführen.

Zum Glück waren im ersten und letzten Akt keine Leute da, im zweiten Akt fanden sie mich »lovely« - ich war jung, gut gewachsen und ging ohne die fleischfarbenen Trikots, die antike Falten warfen und die Waden und Beine als Ziehharmonika erscheinen ließen, die Brust und Beine nackt, damals ein großes Wagnis. Im letzten Akt habe ich nur den Mund aufgerissen und keinen Ton von mir gegeben.

In der Kritik wurde ich gelobt und als der geborene Siegfried hingestellt, und es wurde auf das lebhafteste begrüßt, daß alle Striche aufgemacht und des Meisters Werk endlich in seiner herrlichen Urgestalt gegeben wurde. Der Kritiker war auch nur im zweiten Akt in der Vorstellung, und ein Zuhörer sagte zum andern: »Den ungestrichenen Siegfried muß man öfters hören, um so recht auf den Geschmack zu kommen, ich geh nicht mehr hinein!«

Die nächste »Siegfried«-Vorstellung habe ich abgesagt und den Ruhm einem Kollegen überlassen, der aus Bremen herbeigerufen wurde, und der bald genau auf demselben letzten Loch pfiff, wie ich es tat.

Es war mein letzter Siegfried, nicht ums Verrecken hätte ich den mehr gesungen.

Mein Telramund, Wolfram und Wanderer war der wundervolle Bariton Theodor Bertram. Er hatte die grandioseste Stimme, die ich je im Leben zu hören bekam, ein prachtvoller Sänger und Schauspieler, der blendend aussah und aus dem Vollen schöpfen konnte. Doch war er ein tief unglücklicher Mensch, der sich derart dem Trunk ergab, daß er sich seine ganze große Karriere zerstörte und als Selbstmörder endete - sonst ein harmloser, guter Kerl, der nur dieser entsetzlichen Leidenschaft verfallen war und oft so betrunken auf die Bühne kam, daß man es nicht für möglich hielt, daß er singen konnte. Aber wenn er auf der Bühne stand, sang er strahlend und überwältigend, um dann, wenn er von der Szene abging, wieder ins besoffene Lallen zurückzufallen.

Es war ein Jammer, sehen zu müssen, wie dieser junge, gottbegnadete Mensch so unter die Räder kam. Ich hatte dann später bei Festspielen und größeren musikalischen Ereignissen immer wieder Gelegenheit, diesem armen Unglücklichen zu begegnen und mit Herzweh den allgemeinen Verfall festzustellen.

Auch ein sehr feiner Künstler war der Bassist Eugen Klöpfer von der Münchner Hofoper, der leider zwei Sommer später ganz jung am Tegernsee starb. Bei der Beerdigung hielt die Grabrede sein Generalintendant Ernst Ritter von Possart. Es war eine ganz merkwürdige Grabrede. Alles stand um das Grab herum und hing an den Lippen Possarts. Der stand da und sprach nicht, drehte die Augen zum Himmel und wartete endlos. Alle standen schon wie auf Nadeln und platzten vor Erwartung und Nervosität. Endlich hub er an mit ganz schmalzigem Heldenorgan und etwas Beiklang von Nasenresonanz:

»Ein trüber Himmel über dem grauen Tegrinsee. - Die Vöglein flattern unruhig über die sich kräuselnden Wellen, und der Gebirgsseefischer fährt zum Fang. - -« So ging es zuerst in Poesie und düsterer Stimmungsmalerei. Dann kam er auf den Toten zu sprechen, der ihn oft durch seine Absagen zur Verzweiflung gebracht und seine Vorstellungen in Frage gestellt hatte, was er jetzt nicht mehr könne, weil er schon tot sei. Aber der Tod versöhne, und so wünsche er ihm, daß er sanft ruhen möge.

Das Ganze war wie ein Witz, und da sehr viele Kol=legen aus München da waren, stieß einer den andern an und konnte sich das Lachen nicht verkneifen. Es war eine der fidelsten Grabreden, die ich je erlebte. Nach der Be=erdigung ging es ins Hotel Steinmetz, wo, der hiesigen Sitte gemäß, das Toten=Wurstessen stattfand. Eine unge=heure Anzahl von Weißwürsten, Brat= und Schweinswür=steln wurde verzehrt und dem Generalintendanten zu seiner besonders gelungenen Grabrede, die keine Trauer aufkommen ließ, gratuliert.

Aber ich komme da von London schon auf Tegernsee, das war ja viel später, also zurück nach London. Ich lernte damals viele interessante Menschen kennen, die klang=volle Namen hatten, heute aber, bis auf wenige Ausnah=men, vom Winde der Zeit verweht sind.

Wenn eine Oper begann, war das Theater leer, daß man meinte, bei einer Arrangierprobe zu sein, ebenso im dritten Akt, da waren wir auch völlig unter uns. Was im ersten und letzten Akt geschah, sahen nur die billigen Plätze und vereinzelte Parkettbesucher. Gegen Ende des ersten Aktes füllten sich die Logen und die Society er=schien, wie ja die ganze Opernspielerei nur eine »Society=angelegenheit« war.

Man ging in die Oper, um sich zu zeigen und weil es zur Saison gehörte, die ungefähr drei Wochen dauerte, von Ende Mai bis Mitte Juni. Alle Logen und Parkettsitze waren abonniert. Vor und nach diesem Datum waren die Logen leer, denn da durfte ein Angehöriger der großen Gesellschaft offiziell nicht in London anwesend sein. Das ging so weit, daß zum Beispiel die Vorderfront der großen

Palais hermetisch mit Läden abgeschlossen war und die Herrschaften, die in London bleiben mußten, nach hinten hinaus wohnten - um offiziell nicht da zu sein.

Im ersten Zwischenakt war große Begrüßung, die Toiletten= und Diamantenschau; der Hof war da, der Prince of Wales, der spätere König Eduard VII., die vielen Gäste, Monarchen und Hoheiten. Sie blieben über den zweiten Zwischenakt und als es zum »Dritten« finster wurde, leerte sich das Theater rapid, und wir waren wieder mit den Plebejern, die der Musik wegen kamen, allein.

Ich weiß mich zu erinnern, welch einen scheußlichen Eindruck das zuerst auf mich machte und welche be= trüblichen Minderwertigkeitskomplexe und Lakaienge= fühle es in mir auslöste. Aber daran gewöhnt man sich bald, das ist eben einmal nicht anders, und damit mußte man sich abfinden.

Die »Tannhäuser«=Vorstellung war sehr gut bis auf die Chöre und Ensemble, die in Synkopen sangen und nie beieinander waren. Der deutsche Chormeister wurde von Mottl angebrüllt, dieser brüllte den italienischen maëstro del choro an und erklärte ihm, daß seine Leute eine musi= kalische Schwefelbande wären. Der wiederum schrie den Franzosen M. Lefèbre, Chef Musical der Grand Opéra à Paris, an und teilte ihm mit, daß er ein musikalischer Fatzke sei; dieser lächelte überlegen und erklärte die Deutschen wie die Italiener für ausgesprochene Idioten.

Bei einer anderen Vorstellung lernte ich auch Jean de Reszke kennen, den berühmtesten Tenor seiner Zeit und auch der späteren Zeit - inklusive Caruso, der damals noch nicht existierte. Er war damals schon ein älterer Herr und knapp vor seinem Abgang von der Bühne. Mit Aus= nahme von Adolf Robinson ist mir in meinem Leben

noch kein Künstler begegnet, der eine solche zwingende Autorität, einen solchen Zauberkreis um sich verbreiten konnte wie er.

Jean de Reszke ließ sich nie auf der Straße blicken, zeigte sich nie öffentlich, ging nie in Gesellschaft und lebte mit seinem Bruder Edouard, dem berühmten Bassisten, in einer Flucht von Zimmern in seinem Hotel. Wenn er ins Theater fuhr, hielt er in der Hotelhalle ein großes weißes Seidentuch vors Gesicht, daß man ihn nicht sehen konnte.

Er empfing nie einen Journalisten, das besorgte alles

sein Bruder und sein Sekretär, er selbst umgab sich mit einem Geheimnis, das die Menschen ungeheuer reizte und neugierig machte. Als er im Jahre 1907 mein Lehrer wurde, bestätigte er mir das und sagte, das sei ein Großteil seiner Anziehungskraft für das Publikum gewesen.

Seine Einnahmen stiegen ins Unwahrscheinliche, und gegen sie erschienen diejenigen Carusos einfach winzig. Er sang in New York in der Metropolitan=Oper für die halbe Bruttoeinnahme des Abends. Was das bedeutet, kann man sich bei dem Fassungsraum von 3500 Menschen und den hohen Preisen, wenn er sang, errechnen.

In New York sah ihn niemand, sogar die Mahlzeiten servierte ihm sein Kammerdiener. Er lebte im »Waldorf=Astoria« auf seinem Zimmer, eine Existenz, der ich nicht gewachsen gewesen wäre. Nur geschminkt und im Kostüm hat man ihn gekannt. Er war der Liebling der Königin Viktoria, die sich in Windsor, wo sie meist residierte, Teile aus Opern mit Jean de Reszke in ihrem kleinen Schloßtheater vorführen ließ.

Eines Tages kam der erste Sekretär der Oper zu mir und fragte mich, ob ich den Faust in französischer Sprache singen könne.

»Nein, in Französisch nicht, nur deutsch.«

»Würden Sie sich trauen, morgen abend in Windsor die Gartenszene des zweiten Aktes vor der Königin zu singen?«

»Selbstverständlich - warum nicht?«

»Also bereiten Sie sich vor, vielleicht können Sie deutsch singen, wir werden anfragen.«

Es kam die Bewilligung, ich konnte deutsch singen. Am nächsten Mittag fuhr ich nach Windsor. Die berühmte, damals schon ziemlich ältliche Nelly Melba war das Gret=

chen, Luise Homer - Marthe Schwerdtlein, Edouard de Reszke - Mephisto, und ich Faust.

Es ging alles sehr gut. Ich hatte nach meiner Arie: »Gegrüßt sei mir, du heilige Stätte« warmen Applaus, der von der Königin angegeben werden mußte. Da ich mit Frau Melba nicht probierte, wie ja alles in London ohne Probe vor sich ging und man von guten Eltern sein mußte, um sich auszukennen, schob sie mich hin und her, kniff mich in den Arm und ließ mich vor sich stehen, damit sie hinaussingen konnte.

Als meine Stellen kamen, und ich hinter sie treten wollte, um auch hinaussingen zu können, wollte sie das nicht und zischte mich an: »Restez, s'il vous plaît.«

Selbstverständlich ließ ich mich nicht weich machen, nahm die Dame energisch bei der Hand und schubste sie mir nach vorne, wie ich sie brauchte, sie mußte mir so ins Gesicht sehen, daß ich auch schön hinaussingen konnte; als sie dran kam, trat ich zurück und gab ihr das Feld frei. Ich machte mich nachher auf eine Zurechtweisung gefaßt, aber sie sagte nichts, sondern beglückwünschte mich zu meiner schönen Stimme und der gelungenen Arie.

Edouard de Reszke war ein großartiger Mephisto, ein herrlicher Schauspieler und hatte eine wundervolle Baßstimme, für mich eine große Erinnerung.

Ich habe mit fast allen berühmten Mephistos gesungen. Den größten Eindruck machte mir Schaljapin, der wohl das bedeutendste Darstellergenie seiner Zeit war. Schade nur, daß er als Mensch, namentlich in betrunkenem Zustand, so ein grauenvoller Kerl war. Ich war später mit ihm sehr befreundet, wir haben uns beide sehr geschätzt in unserer künstlerischen Arbeit, aber wenn er betrunken war, mochte ich nichts mit ihm zu tun haben.

Sehr interessant als Mephisto war auch George Baklanoff, der eine ganz eigentümliche Auffassung hatte. Eine Gestalt grau in grau wie im Nebel und recht unheimlich.

Das Schloßtheater in Windsor faßte nur die Hofgesellschaft, und auf der Galerie, die rundherum führte, saß das kleinere Hofpersonal. Ganz vorn in einem Fauteuil saß die Königin und hinter ihr zwanglos die andern hohen Herrschaften. Nach der Oper wurden wir von einem hohen Hoffunktionär mit ordenbesäter Brust zu Ihrer Majestät geführt und vorgestellt. Die Königin sagte mir in fließendem Deutsch ein paar freundliche Worte, Prinz Heinrich, der Bruder des deutschen Kaisers, reichte mir die Hand und sagte: »Gut haben Sie es gemacht«. Der Prince of Wales, der König von Dänemark und viele Fürstlichkeiten, die ich nicht kannte, waren da.

Dann zogen wir uns um, ich warf mich in meinen Frack, es ging zur Marschalltafel, wo wir Künstler mit Ministern und hohen Funktionären ein sehr gutes Essen bekamen, es war sehr nett - um halb zwölf Uhr wurde die Tafel aufgehoben, und ich ging, von einem deutschen Lakaien begleitet, auf mein schönes Zimmer. Da fragte mich der Diener, ob ich nicht noch ein gutes Glas Pilsner trinken möchte, weil es ja bei Tisch nur Weine und das englische Alebier gab, das ich nicht mag, weil es zu dick und scheußlich ist. Ich war selig, rauchte noch ein gutes Zigärrchen und der Bediente leistete mir Gesellschaft, erzählte mir sehr interessant, daß er vom Darmstädter Hof nach Petersburg und dann an den englischen Hof gekommen sei.

Um 2 Uhr ging ich zu Bett, am nächsten Morgen, als alles noch schlief, ließ ich mich an die Bahn fahren und um 10 Uhr vormittags war ich wieder in London bei meiner Lisi.

Sechstes Kapitel

ANTRAG NACH WIEN
ABSCHIED VON BRESLAU

Nach der Saison in London fuhren wir nach Binz auf Rügen an die Ostsee und verbrachten dort einige sehr glückliche Wochen. In den ersten Septembertagen ging es wieder nach Breslau, diesmal schon in unser eigenes Heim.

Mein Liserl hatte sich inzwischen in meinen Beruf eingelebt und begann, mir eine ungeahnte Beraterin und Helferin zu werden; sie konzentrierte ihr ganzes Leben auf mich, mein Wohl und meinen herrlichen Beruf.

Eines Tages kam ein Antrag von der Wiener Hofoper. Theodor Reichmann sang bei uns in Breslau den Hans Sachs in den »Meistersingern«, und ich mit ihm den Walter von Stolzing. Daraufhin hat er mich Gustav Mahler aufs wärmste empfohlen.

Die Wahl der Rollen mußte sehr vorsichtig getroffen werden. Es kam ein Vertreter der Oper, ein Hofrat, der mich mit seinen Bedenken bezüglich der Wahl der Antrittsabende ganz in Pessimismus einhüllte. Wien sei ein sehr gefährlicher Boden, so sagte er, da seien die Lieblinge, die ihre Anhänger hätten und von diesen aufs schärfste verteidigt würden. Die Anstellung eines neuen Sängers, namentlich eines Tenors, sei ein Ereignis, das alle politischen Nachrichten, Ministerwechsel, Krieg und Frieden, in den Schatten stelle und in den Kaffeehäusern große Debatten auslöse.

Nur ja keine Van Dyk=Rolle.

Van Dyk, ein französischer Tenor, war das Idol des Hoch= und Niederadels von Wien, weil man es so ent=zückend fand, wenn er beim Singen alles so niedlich mit einem französischen Akzent aussprach, zum Beispiel: »Eil König Einrich, seganvoll, möga Gott bei deinem Schawerta stehn« usw. - oder »Wie seid ihr denn Balu=man, wallt ihr mit mir schabielan?« Wenn ich mir ge=stattet hätte, in Paris in der Grand Opéra nicht dialektfrei zu sprechen, würde man mich mit Pfeil und Bogen er=schossen haben. Also ja keine Van Dyk=Rolle.

»Hermann Winkelmann als Heldensänger monumen=tal - Tannhäuser, Lohengrin, Stolzing, Radames usw. - ver=fügt über eine Armee von Anhängern, die gefährlich sind!« Also nur keine Winkelmann=Rolle.

»Fritz Schrötter als lyrischer Tenor, in ‚Zauberflöte', Georg Brown, auch Bajazzo, adoriert und von der Liebe des Publikums getragen«, daher wäre eine Schrötter=Rolle unbedingt zu vermeiden.

Erich Schmedes hatte sich nach langer Zeit durchge=setzt und war als Jung=Siegfried in »Götterdämmerung«, »Tristan«, »Evangelimann« usw. tonangebend, also wäre auch da zu beraten, was zu tun sei.

Da sagte ich zu dem Herrn Hofrat: »Nach Ihren Schil=derungen, verehrter Herr Hofrat, müßte ich die Flinte von vornherein ins Korn werfen, mir einen wunderschönen Strick anschaffen und mich am nächsten Laternenpfahl aufhängen, das mache ich aber nicht. Ich suche mir meine Rollen, die ich für die besten halte, selber aus, und die singe ich. Gefalle ich, so ist es gut. Gefalle ich nicht, werde ich eben nicht engagiert!«

Herr Hofrat war ziemlich eingeschnappt. Er stotterte:

»Ach, Herr Slezak, ich meine es ja nur gut, in Ihrem Interesse, selbstverständlich werde ich diesen Ihren Entschluß Herrn Direktor Gustav Mahler unterbreiten.«

Ich wählte als erste Rolle den Arnold in »Tell«, den ich im Original sang mit all seinen hohen Cis, als zweite den Radames in »Aida« und als dritte und letzte den Walter von Stolzing in den »Meistersingern«. Mahler akzeptierte, und so kam denn der Tag, wo ich bei einer Ensembleprobe in den heiligen Räumen der Wiener Hofoper weilen durfte.

Gleich bei Beginn hatte ich einen Zusammenstoß mit meiner Partnerin, die in unserem Duett eine Kadenz sang, die sie sich zurecht gelegt hatte, eine exotische Kakezerei, die mir fremd war und zu der ich die Folie abgeben sollte. Ich sagte, die Kadenz sei mir unbekannt. Da dezidierte sie schlicht: »Da müssen Sie sie eben lernen!«

Das lehnte ich bescheiden, aber energisch ab mit der Motivierung, daß ich zwei Tage vor einem Gastspiel auf Anstellung keine neuen Sachen lernen könne und auch sonst nicht lernen würde. Die gnädige Frau müsse sich schon bequemen, meine, die im Buch stehende Kadenz zu singen. Man war über den Jüngling aus Breslau verwirrt.

Diese meine Partnerin, auch eine Französin, war die Freundin des Tenors Van Dyk, den Gustav Mahler derart provozierte, daß Van Dyk seine Entlassung forderte. Selbstverständlich war er überzeugt, daß seine Demission nie angenommen werden könnte, da er doch so einen unerschütterlichen Rückhalt in der Gesellschaft hatte. Aber Mahler konnte keine Starallüren vertragen, die noch dazu seiner Meinung nach auf ziemlich übertriebenem Aufbauschen einer Künstlerschaft basiert waren.

Bevor Mahler nach Wien kam, war es mit der Oper schlecht bestellt, sie war im Verfall begriffen, so ähnlich wie die Oper unter Pierson in Berlin, nur daß es da über=ragende Künstler in Wien gab, die durch ihre Genialität und ihren Schwung immerhin einen Ausgleich schufen, was in Berlin wegfiel, weil dort kein Mensch war, der das Interesse auf sich lenken konnte und jede Vorstellung eine lederne und unerfreuliche Angelegenheit blieb.

Direktor Wilhelm Jahn war ein alter Herr, der schon viele Jahre dem Institut vorstand; ein ausgebrannter Vul=kan, der nur nach seiner Bequemlichkeit lebte. Es riß eine gefährliche Disziplinlosigkeit ein, die schwere Schäden schuf. Wie weit dies ging, möge folgendes Beispiel zeigen.

Es war am Abend »Meistersinger«. Jahn hatte mit Reich=mann, Schrötter und dem Kriegsminister Krieghammer eine Tarock=Partie. Am Abend wurde es Zeit, daß Reich=mann als Hans Sachs und Schrötter als David in ihre Garderoben gingen. Da wurde einfach die Vorstellung abgesagt und statt ihrer »Der Troubadour« angesetzt, der immer als Lückenbüßer eingeworfen wurde. Man spielte weiter Tarock.

Es kam dann eine Zeit, wo es einfach nicht mehr ging. Gustav Mahler, erster Kapellmeister und Opernchef in Hamburg, als ungeheuer tatkräftig, energisch und rück=sichtslos bekannt, wurde berufen. Er nahm diese Stellung aber nur unter der Bedingung an, daß er wirklich der Herr sein und schaffen könne, wie er wolle.

Er wurde vom Obersthofmeister, Seiner Durchlaucht dem Fürsten Montenuovo, mit Vollmachten ausgestattet, wie sie noch nie ein Direktor eines kaiserlichen Instituts bekommen hatte. Nur eines wurde verlangt. Er war Jude und mußte sich taufen lassen, was ihm als Atheisten gleichgültig war.

Er arbeitete fanatisch, verzehrte sich im eigenen Feuer.

Er machte seiner Umgebung das Leben zur Hölle! Und war in einer Woche der gehaßteste Mann des Hauses. Er warf alle Traditionen über Bord und übersetzte das Wort Tradition mit Schlamperei.

Im Orchester saßen seit vielen Jahren würdevolle alte Herren, Professoren am Konservatorium, die sich den apodiktischen und ziemlich formlos strengen Verfügungen des Direktors am Dirigentenpult nicht fügen wollten. Jede Widerrede von seiten der Herren wurde mit Pensionierung beantwortet und die frei gewordenen Stellen durch junge, talentvolle, gefügige Musiker ersetzt. Mahler ließ bei Orchesterproben, die sich ins Blitzblaue ausdehnten, die alten Professoren alleine ihre Stellen spielen, zehnmal wiederholen, bis sie sich zur Wehr setzten und sich das Schicksal ihrer Pensionierung wegen Dienstverweigerung zuzogen.

So belastete er den Pensionsfond in derart unerhörter Weise, daß dieser insolvent wurde und nur durch die Munifizenz Seiner Majestät, die aus ihrer Privatschatulle das Defizit deckte, gerettet werden konnte. Ein Aufschrei der Empörung ging durch ganz Wien, und nach kurzer Zeit begann die Presse gegen Gustav Mahler Amok zu laufen.

Allerdings, die Leistungen waren überwältigend. Jede Vorstellung, die Mahler einstudierte, wurde zum Ereignis und Kassenmagnet. Er wußte aus den ältesten Opern vollständig neue Gesichtspunkte herauszuholen, die allgemeines Erstaunen und Begeisterung auslösten. Durch diese grandiosen Erfolge und den Umstand, daß er sich um das Geschrei, das sich um ihn herum breit machte, nicht kümmerte, hielt er zehn Jahre auf seinem Posten aus, die man wohl als die herrlichste Glanzperiode der Wiener Hofoper ansprechen kann.

Doch zurück zu meinem Debüt. Bei der Orchesterprobe sang ich den ersten Akt mit voller Stimme, und es wurde mir nach dem: »O Mathilde«, welches mit dem hohen Cis gespickt ist, vom Orchester eine Ovation bereitet.

Am Abend der Vorstellung war das Theater halb leer - mein Gott - ein Herr Slezak aus Breslau, aus der deutschen Provinz, singt auf Anstellung.

Nach dieser oben erwähnten Stelle »O Mathilde« brach ein derartiger Sturm los, daß der Hofkapellmeister Schalk den Taktstock weglegte, die Hände kreuzte und wartete, bis sich der Orkan gelegt hatte. Von da ab wurde fast jede Phrase bejubelt, und es wurde ein ganz großer Erfolg für mich.

Da ich nicht wußte, wie die Sache ausgehen würde, hatte ich meinem Vater nach Brünn geschrieben, auf keinen Fall nach Wien zu meinem Debüt zu kommen, da ich ihm eine eventuelle Pleite ersparen wollte.

Nach der Vorstellung, ich wohnte bei meinem Lehrer Robinson, warteten vor dem Bühnentürl Hunderte von Menschen, um mich zu begrüßen. Da tönt aus einem Winkel des Korridors eine Stimme: »Leoschku!« Es war mein Vater, der es sich nicht hatte nehmen lassen, doch zu kommen und gottlob all das Herrliche miterleben durfte. Wir fuhren zu Robinson, hielten uns umschlungen, weinten Freudentränen. Nur mein geliebtes Weib fehlte mir in meinem grenzenlosen Glück. Ich hatte ihr aber schon während der Vorstellung nach jedem Akt ein Telegramm geschickt. Rossinis »Tell« hat nur fünf Akte.

Nach dem ersten Akt kam Direktor Mahler zu mir in die Garderobe und erklärte meinen Vertrag für perfekt.

Am nächsten Tag war in allen Kaffeehäusern die Sensation: Ein neuer Tenor! - Die Presse war enthusiastisch, es begann ein Sturm auf die Theaterkasse, ich mußte noch zwei Abende mit Lohengrin und Tannhäuser anschließen. All diese Abende waren bis zum letzten Platz ausverkauft. Nun war meine große Sorge, daß ich ja noch drei Jahre nach Berlin ans Königliche Opernhaus verpflichtet war. Da sagte Mahler: »Das muß und wird gerichtet werden.«

Als Triumphator kam ich heim, unsagbar glücklich, am ersten Opernhaus der Welt, denn das war die Wiener Hofoper damals tatsächlich, in Lisi's Vaterstadt engagiert zu sein. Direktor Loewe bekam einen hohen Orden, damit er mich schon einen Monat früher wegließ.

Nun möchte ich noch verschiedener Menschen gedenken, die uns in Breslau begegnet sind, und einige kleine Erlebnisse schildern.

In der Oper hatten wir als ersten Kapellmeister Alfred Hertz, einen ausgezeichneten ernsten Musiker, mit dem ich später in der Metropolitan-Oper in New York zusammen war, wo er die deutschen Opern dirigierte. Dann wurde er Dirigent der Philharmoniker in San Francisco.

Julius Prüwer war da, auch ein Wiener, ein ehemaliges Wunderkind, ein glänzender Kapellmeister, der dann Direktor an der Hochschule für Musik in Berlin wurde. Fanchette Verhunk, eine rassige und äußerst begabte Sängerin, die erste Salome, die mit einem Ensemble-Gastspiel der Breslauer Oper im Wiener Deutschen Volkstheater in dieser Rolle ungeheuren Erfolg hatte. An der Kaiserlichen Hofoper in Wien wurde die Salome damals aus moralischen Gründen nicht gestattet.

Sonst hatten wir in Breslau ein tüchtiges, künstlerisch gut fundiertes Ensemble, nicht sehr aufregend, aber gewissenhaft und korrekt.

Einer kleinen Episode weiß ich mich noch zu erinnern.

Der Tenor Grüning von der Berliner Hofoper gastierte als Lohengrin. Wir hatten einen Regisseur namens Habelmann, der viele Jahre in Amerika gelebt und Barnum and Bailey-Allüren hatte, gern wäre er mit Elefanten und wilden Tieren auf die Bühne gekommen. Da dies nicht ging, lebte er sich darin aus, daß er ganz einfache Bühnenvorschriften so komplizierte, daß meist eine Katastrophe herauskam.

Es ist üblich, daß der Lohengrin von der Seite zuerst als kleine Figur zu sehen ist, dann über die Bühne gezogen wird und darauf einfach wieder von der Seite in gerader Linie herausgezogen wird und dasteht. Habelmann ließ ein Gleis mit Kurven bauen, wo der Lohengrin von hinten hereingezogen wird, sich auf offener Bühne dreht und in einem Schnörkel ans Land geht. Grüning kam heraus, infolge der Kurven wackelte das Schinakel bedenklich, auch der Schwan machte starke Rechts- und Linksbewegungen. Auf einmal bleibt der Kahn mitten auf der Bühne stecken, weil die Gleise aus der Befestigung gegangen waren und ein Fortbewegen unmöglich machten. Jetzt blieb dem armen Grüning nichts anderes übrig, als unter großem Gelächter ins Wasser zu springen, am Land von den Mannen herausgezogen zu werden und dann, außer Atem, das Schwanenlied zu singen. Eine schreckliche Situation.

Dann hatte Habelmann noch die glorreiche Idee, im Gartenakt von »Faust« cirka zehn lebendige Hühner, einen Hahn und vier Enten frei herumlaufen zu lassen. Diese Viecher machten großen Spektakel, und bei der wunderschönen Pianostelle »Lasse mich in dein Antlitz schauen« fing der Hahn zu krähen an. Die Leute wieherten vor Vergnügen, und der ganze Akt war geschmissen.

Am Stammtisch unterhielt er uns mit seinen Amerika=nismen und trug so klobig auf, daß man aus dem Lachen nicht herauskam. Immer zog es ihn nach New York. Das war sein Traum. Er war 65 Jahre alt, als er eines Tages mit einem hübschen Ballettmädchen verschwand und nach USA fuhr, wo ich ihn später angetroffen habe.

Der Arme war in ziemlich schlechten Verhältnissen und hat dramatischen Unterricht gegeben. Seine Freundin hat man nach Ellis Island gebracht und mit dem nächsten Schiff zurückgeschickt. Sie waren anscheinend auf der Überfahrt etwas unvorsichtig und wurden als »wilde Ehe=leute« vor die Alternative gestellt, entweder zu heiraten oder zurückzufahren. Da er schon verheiratet war, konnte er das erste nicht, also ließ er das Mädchen wieder heim=fahren.

Übrigens ist es dem Generalmusikdirektor und meinem Wiener Opernchef Felix v. Weingartner genau so ergan=gen. Er war x=mal verheiratet. Als er wieder einmal einen Wechsel vornahm und die Sängerin Lucille Marcelle zu seiner Freundin erkor, fuhr er mit ihr nach Amerika.

Lucille scheint ein wenig »corriger la fortune« gemacht zu haben, indem sie auf der Überfahrt es nicht an offen zur Schau getragenen Zärtlichkeiten fehlen ließ. In New York angekommen, stellte man auch sie vor die Wahl: entweder - oder. Was blieb Felix übrig, er mußte in die City Hall heiraten gehen, ob er wollte oder nicht. Vielleicht tat er es gerne, ich weiß es nicht, jedenfalls waren sie Mann und Frau, als wir sie wiedersahen.

Wir hatten einen lieben alten Schauspielregisseur Steine, der einst ein gefeierter Held und Damenschwerenöter war. Er hatte einen Riesenbauch, war Junggeselle, und da keiner auf ihn schaute, war er ziemlich verwahrlost.

Eines Tages saß er bei der Probe an der Rampe der Bühne im Regiestuhl und hatte einen besonders klaffenden Toilettefehler. Ein Kollege kam und raunte ihm geheimnisvoll ins Ohr: »Herr Regisseur, Sie haben einen Toilettefehler.« Er reagierte nicht und gab weiter seine Regieanweisungen. Da kam ein anderer Kollege und machte ihn auf seinen Toilettefehler aufmerksam. Auch da nahm er es nicht zur Kenntnis. Endlich kam ein älterer Kollege, schnauzte ihn an und sagte laut: »Theodor, mach dir doch vorne die Knöppe zu, das ist ja ein Skandal, wie du da herumsitzt.« Da sagte Steine ganz resigniert und traurig: »Mensch, es sind ja keine dran.«

Da war noch der Komiker Will, der Liebling der Breslauer, Regisseur für die Posse und ein lieber alter Herr. Wenn er Regie hatte, sagte er: »Kinderkens, wir werden uns nicht allzu weich machen und trachten, so schnell wie möglich zum Frühschoppen zu gelangen.« In einer Stunde war so eine Probe ritterlich ausgetragen, und dann saßen alle bei einem solennen Gabelfrühstück, das sich bis in die späten Nachmittagsstunden ausdehnte, beisammen.

Auch Gäste kamen viele, berühmte Namen, reisende Virtuosen. Die entzückende Sigrid Arnoldson, eine wunderschöne Frau und große Künstlerin, mit der ich »Carmen« singen durfte und mit der uns später in Wien herzliche Freundschaft verband.

Es kam die damals an jedem kleinsten Theater auftauchende Gemma Bellincioni mit ihrem Gatten Stagno. Sie sang nur »Carmen«, »Cavalleria« und »Bajazzo«. Da ihr Mann erkrankte, habe ich mit ihr diese drei Rollen gesungen. Sie war eine gute Künstlerin, nur abgehetzt und oberflächlich durch dieses ewige Einerlei, die echte damalige Virtuosin. Ihr Mann war nur als Zuwage zu werten und hinterließ keinerlei Eindrücke.

Ein Erlebnis war Eleonora Duse mit ihrem Ensemble, ebenso Zacconi, der grandiose Schauspieler.

Leider umgeben sich diese Großen oft mit jammervollen Gestalten, mit Schauspielern allerletzten Ranges, die fast umsonst spielen müssen und naturgemäß dem Genuß viel Abbruch tun.

Ich habe mich immer am wohlsten gefühlt, wenn ich mit großen Künstlern auf der Bühne stehen durfte, an denen ich wachsen und gedeihen konnte. Ein minderwertiger Kollege deprimierte mich und drückte auch meine Leistung herab. Aber egal - es waren Abende, die unvergeßlich bleiben und einen stolz auf seinen Beruf machen.

Agnes Sorma kam, auch stellenweise groß und imponierend, aber leider war sie schon ältlich, und wenn Frauen altern, wollen sie durch kindliches Getue diese gewiß schmerzliche Tatsache überbrücken, erreichen aber damit das Gegenteil. Es gibt für mich nichts Grauenvolleres, als eine minodierende, auf Schnuller und Baby machende ältere Dame.

In der Oper kamen Theodor Reichmann, Leopold Demuth als Gäste, zwei große Künstler, die dann in Wien an der Hofoper lange Jahre meine lieben Freunde und Kollegen waren.

Unser Direktor, Doktor Theodor Loewe, war ein großer Lebemann, der viel auf Reisen ging, angeblich um Talente zu suchen, aber eigentlich um der an sich ledernen Atmosphäre in Breslau aus dem Wege zu gehen. Jedesmal, wenn er nach Hause kam, brachte er sich von irgendwo, Scheveningen, Paris, London oder Berlin einen Frühling mit, in Gestalt eines hübschen Mädchens, das er engagierte, und das meist unbrauchbar war, weil es den Theaterberuf nur als Nebenerscheinung ansah.

Da kam er eines Tages mit einer üppigen Blondine, Fräulein Hoobs an, die auf einsamer Höhe im Darstellen von nichts=zu=reden=habenden Stubenmädchen stand, eine sehr liebe, hausbackene, aber ziemlich energische Person, die für die Gepflogenheit des Direktors, nach einigen Wochen an die Luft gesetzt zu werden, kein Verständnis hatte und unserem lieben Direktor Loewe ziemlich Nüsse aufzuknacken gab. Breslau nannte sie »Loewes neuesten Hoobsassa«. Sie ließ sich nicht abfertigen, bestand auf ihrem Vertrag und spielte ihre Stubenmädchen fleißig und gewissenhaft weiter.

Als eines Tages Doktor Loewe eine Attraktion aus Biarritz, eine Demoiselle Tilly Dellon, mitbrachte, die sehr mondän auftrat und im Theater eine Art Pompadour spielen wollte, hat die liebe Hoobs die Dame auf offener Straße derart geohrfeigt, daß diese fluchtartig das Feld räumen mußte. Sie versprach dem Direktor zum Schaden seiner Autorität, auf die er viel hielt, auch ihn mit mehreren Ohrfeigen zu bedenken, wenn er noch einmal mit solch

einem Saumensch daherkäme. Erst nach einem Jahr, als der Vertrag zu Ende war, wurde er sie los und gewann Platz für weitere »Frühlinge« aus der großen Welt.

Als ganz alter Mann umgab er sich immer noch mit sehr jungen Mädchen, denen er die Wege ebnete, mit denen er studierte und von denen er sich verwöhnen ließ.

Am historischen Ringplatz in Breslau - gegenüber dem wunderbaren Rathaus - erhob sich ein scheußlicher, geschmackloser Kasten mit einem Riesenglobus auf dem Dach, der die ganze Würde der ehrfurchtgebietenden Gegend verschandelte: das Kaufhaus Barrasch. Dort bekam man alles für zehn Pfennige, und wenn etwas ein rechter Tineff war, so sagte man nur »Barrasch«.

Die Besitzer waren zwei Brüder, kamen als ganz kleine Handlungsreisende nach Breslau, machten ein Ramschgeschäft auf und wurden sehr reich, bis sie dieses entsetzliche Warenhaus an dieser exponierten Stelle aufbauten. Sie wurden Kommerzienräte, zogen sich nach Berlin zurück und bewohnten jeder eine herrliche Villa mit einem Riesengarten im Grunewald, machten ein großes Haus und ließen sich die Tageseinnahmen aus Breslau telefonieren.

Eines Tages gastierte auch Kammersänger Brucks, der Gatte der Gräfin Larisch, einer Nichte der Kaiserin Elisabeth, die ein ungewöhnlich taktloses Buch über diese Verwandtschaft geschrieben hat.

Dieser Kammersänger Brucks war ein Pendant zu dem armen unglücklichen Theodor Bertram, ein dem Trunke vollkommen verfallener Mann. Er gastierte als Holländer - ich sang den Erik - und er war derart betrunken, daß er, als der Vorhang in die Höhe ging, nur lallen konnte und einige Male hintereinander: »Die Frist ist um und wieder sieben Jahre« von sich gab. Der Vorhang mußte fallen, und unser Bariton Karl Somer, den man suchen ließ, mußte einspringen, während der sinnlos betrunkene Brucks auf einer Bahre in sein Hotel gebracht wurde. Es ist ein entsetzliches Gefühl, so etwas miterleben zu müssen, und es gibt keine Hilfe für solche armen Menschen.

Es kam das Ende der Saison und das Ende meines Breslauer Aufenthaltes. Schwer war der Abschied von dieser lieben Stadt, wo uns alles, was es an Seligkeit auf Erden gibt, geschenkt wurde. Wir lösten den Haushalt auf und übersiedelten nach Berlin.

Siebentes Kapitel

UMZÜGE UND FAMILIÄRES

Bevor ich mit Lisi ein eigenes Heim besaß, waren meine Behausungen nicht beschreibenswert. Ich hatte ein paar Koffer. Sie wurden gepackt, meine Bilder von Angehörigen und Freunden obenauf als wichtigstes Gut, meine Noten in eine Kiste -, und so fuhr ich von Brünn nach Berlin, von Berlin nach Breslau. Dann aber wurde jeder Umzug zum Problem, zum Albtraum, zum Gespenst der voraufgehenden Wochen.

Vierzehn Tage vor meinem Abschied von Breslau bereits stand ich zwischen kahlen Wänden. Mein Weib und ich mußten ins Hotel übersiedeln, während Möbel, Bilder und Bücher nach Berlin rollten, sorgsam betreut von der guten Schwiegermutter. Unser geheimer Traum, sogleich nach Wien zu fahren, war auf unbestimmte Zeit zerronnen, denn man hatte mich aus dem Vertrag mit der Königlichen Oper in Berlin gegen alle Hoffnungen nicht freigegeben.

In Alt=Moabit, das damals noch eine stille und schöne Villenstadt war, sollte unser Domizil aufgeschlagen werden. Und als wir in Berlin ankamen, war es bereits ein Stück Heimat geworden. Da standen die lieben Möbel, an den Wänden hingen die Bilder, im Bücherschrank waren die Bücher sorgsam eingeordnet. In den Vasen standen Blumen, und im Musikzimmer wartete einladend geöff=

net mein Flügel. Im Licht unserer neuen Kronleuchter hatten sich liebe Freunde, auf unsere Ankunft wartend, versammelt.

Am nächsten Tag wurde ein echter Wiener Apfelstrudel ge=backen. Die Köchin überschlug sich vor lauter Eifer, ein Festessen herzurichten. Es war einfach wunderbar.

Onkel Cochius hielt eine seiner schönsten Reden, und wir tranken auf die erste Rolle im Opernhaus, auf das Wiedersehn und auf meine Lisi. Ich sagte gerade: ». . . und auf die nicht so bald wiederkehrenden Leiden eines Um=zugs« . . . da ertönte schrill die Hausglocke!

Ein Telegramm bitte . . .!

Direktor Gustav Mahler von der Wiener Hofoper ließ mich

darin folgendes wissen: »Vertrag mit der Königlichen Oper Berlin auf diplomatischem Weg gelöst. Erwarten Sie Dienstag zu Prophet in Wien. Herzlichste Glückwünsche Gustav Mahler.« Nach der ersten Verblüffung nahm unser Jubel kein Ende.

Obwohl wir nur zwei Tage die Freuden des neuen Heims gekostet hatten, hieß es schon wieder packen! - Das liebevolle Gesicht meiner Schwiegermutter wurde zur leidvollen Maske der Ergebung in das unerforschliche Schicksal.

Gottlob bewahrte uns dann der Himmel während der nächsten Jahrzehnte vor weiteren Umzügen. Mit Kindern, Hunden, Vögeln und Dienst=

personal waren wir seßhaft in Wien. Aber über meine Wiener Zeit und deren unvergeßlich schöne Erlebnisse habe ich schon in meinen früheren Büchern ausführlich berichtet. Ich habe gesungen, bin mit meiner Elsa durch die ganze Welt gereist und bin selig immer wieder heimgekehrt.

Alljährlich fuhren wir in unser Sommerhaus am Tegernsee. Ich war ein glücklicher Mensch!

Dann wurde das Nest leer. Mein Walter folgte einem Vertrag nach Amerika, und mein Greterl war auf Jahre an das Deutsche Opernhaus in Berlin verpflichtet.

Als die Ereignisse des Jahres 1938 die meisten meiner lieben Freunde zwangen, ihre Heimat zu verlassen, fühlte ich mich tief vereinsamt, und mein geliebtes Wien wurde mir verleidet. Langsam machten Lisi und ich uns mit dem Gedanken vertraut, uns ein neues Domizil zu suchen, als ich ein großes Angebot auf mehrere Filme nach Berlin bekam. Lisi jubelte bei dem Gedanken, daß wir nun unserem Mädel ganz nahe sein könnten. Vor dieser Wiedervereinigung mit unserer Tochter allerdings stand wieder das ominöse Wort »Umzug«, das an furchtbarer Bedeutung für mich in all den Jahren nichts eingebüßt hatte. Wir fuhren nach Berlin auf Wohnungssuche und überließen unterdessen unser geliebtes Wiener Heim der rohen Brachialgewalt der Möbelpacker.

In Berlin stiegen wir im Hotel am Zoo ab. Dieses Hotel lag direkt der Wohnung meiner Tochter gegenüber. Jeden Morgen erschreckten wir die Passanten auf dem Kurfürstendamm, wenn wir in wehenden Nachtgewändern uns von Fenster zu Fenster begrüßten und uns nach dem jeweiligen Befinden erkundigten.

Bei der Wohnungssuche verließ uns unser Glück nicht.

Gleich die dritte Wohnung, die wir uns ansahen, war das, was wir suchten. Sie war in der Neuen Kantstraße, und ihre Hauptfront ging auf den Lietzensee. Die Wohnung war sehr gut in Stand, und der Immobilienhändler ver= sicherte, daß sie sofort beziehbar wäre.

Die Miete! Mein Gott, über solche Kleinigkeit brauche man gar nicht zu reden! Das traf auch zu. Die Kosten für den Transport der Möbel, die Rechnungen der Im= mobilienfirmen waren so erheblich, daß die Wohnungs= miete, die nur doppelt so hoch war, als wir auszugeben beabsichtigten, und die ein Jahr im voraus entrichtet wer= den mußte, tatsächlich halb geschenkt schien. So holte ich ein paarmal tief Luft - und unterschrieb den Kontrakt.

Nun gingen wir durch die leeren Räume und Lisi rich= tete im Geist ein.

»Leoschi, hier werden wir das Goldkastl hinstellen!«

»Ja, mein Liebling.«

Mit diesem Goldkastl hatte es seine eigene Bewandtnis. Einmal, vor Jahren, war Lisi ganz versonnen von ihren Einkäufen nach Hause gekommen. Sie erzählte mir, sie habe in einem Antiquitätengeschäft ein entzückendes Goldkastl gesehen, das genau zu den Möbeln unseres Musikzimmers passe. Aber es sei schrecklich teuer, und sie könne sich einfach nicht entschließen, es zu kaufen. Ich sagte ihr, daß, wenn es ihr Freude mache, sie nur gleich am nächsten Tag hingehen solle. Aber so schnell konnte meine Lisi sich nicht entscheiden. Schließlich verzichtete sie ganz darauf, aber jeden Tag zog es sie wieder magisch zu dem Laden, und oft ging sie hinein, um sich wieder nach dem Preis zu erkundigen. Aber das Kastl wurde nicht billiger.

Dann kam sie eines Tages ganz deprimiert nach Hause.

Nach langem Fragen gestand sie mir endlich mit Tränen in den Augen, daß das Kastl nun verkauft sei.

»Siehst du, Lisi, das ist deine eigene Schuld, hättest du es nur gleich gekauft.«

»Es war schrecklich teuer, Leoschi, aber ich hätte es so gern gehabt. Aber nun ist es weg, vergessen wir's halt.«

Das war kurz vor Weihnachten gewesen. Am Weihnachtsabend wurden dann die Kinder beschert, dann alle andern Hausgenossen und zum Schluß erst wir beide. Auf Lisis Platz stand etwas Großes, Weißverhülltes. Als sie es auspackte, stand sie plötzlich wie versteinert da und konnte nur stammeln: »Mein Goldkastl!« Die freudige Überraschung war zu groß, um sie mehr Worte finden zu lassen.

Doch zurück zu unserer neuen Wohnung. An einer Wand des Raumes, der als unser Musikzimmer bestimmt worden war, entdeckte Lisi einen Flecken.

»Leo, schau, ein Fleck! Sollten wir den nicht wegmachen lassen?«

»Ja, Liserl!«

»Aber wenn der Fleck übermalt wird, gibt das sicher eine andere Farbe. Besser, wir lassen die ganze Wand malen.«

»Ja, Liserl!«

Und so kam es, daß die ganze (gut erhaltene) Wohnung gemalt wurde. Dann rollte Möbelwagen auf Möbelwagen mit unserer Habe aus Wien an. Es wurden Einrichtungsorgien gefeiert. Wogen von Seifenwasser fluteten, Hekatomben von Staub flogen aus den Fenstern. Und dann war es soweit. Wir konnten von unserem neuen Heim Besitz ergreifen. Alles war wundervoll neu und gemütlich. Drei ganze Tage »wohnten« wir. Wir rührten uns nicht einen

Schritt aus der Wohnung. Und dann ... kam wieder ein Telegramm! Diesmal rief es mich zu einer großen Filmrolle nach Ciné Città bei Rom. Ich sagte zu, schon jetzt voller Vorfreude, nach der anstrengenden Arbeit in unser gemütliches Heim zurückkehren zu können.

Wundervoll, herrlich war der Aufenthalt im »Ewigen Rom«, nichts merkte man von dem inzwischen ausgebrochenen Krieg. Doch eines Tages kam die erste Schreckensbotschaft: Fliegerangriff auf Berlin! Und eine der ersten Bomben, die überhaupt gefallen waren, ging genau vor unserer neuen Wohnung in den Lietzensee. Ich habe nie in meinem Leben Ehrgeiz zum Helden in mir verspürt, und die Abneigung gegen Waffenklirren und Säbelrasseln verstärkte sich bei mir mit zunehmendem Alter immer mehr. So beschlossen Elsa und ich, von Rom gleich an den Tegernsee zu fahren, und dort die Entwicklung der Dinge abzuwarten. Wir haben dann, als sich die Lage in Berlin immer mehr zuspitzte, schweren Herzens unser dortiges Heim, das wir genau wie unser erstes nur ein paar Tage bewohnen konnten, aufgelöst.

Diesmal beauftragten wir nur eine Firma damit, und als Überwachung fuhren Rosa, unsere jahrelange treue Stütze, und Frau Toni, auch eine langjährige Betreuerin unseres Haushaltes in Wien, nach Berlin. Von Frau Toni ging die Rede, daß, wenn sie nur etwas Zerbrechliches ansehe, der Gegenstand von selbst in viele Teile auseinanderfalle. Sie war dann tagelang mit dem Zusammenpicken beschäftigt. Nie aber hat der zerbrochene Gegenstand seine frühere Gestalt wieder angenommen.

Aber das scheint mir eine üble Nachrede, die ich energisch zurückweisen möchte.

Frau Toni war ungeheuer wissensdurstig, und wenn

sie ihr Tagesprogramm an Überwachen und Packen geleistet hatte, ging sie auf Entdeckungsfahrten. Kein öffentliches Gebäude, kein Theater, kein Kino war ihr fremd, und im Erforschen selbst so düsterer Gebäude wie Luftschutzbunker muß sie, nach ihren Berichten, Beachtliches geleistet haben.

Wie waren wir glücklich, daß wir unser kleines Haus in Egern hatten. Wir nahmen uns fest vor, uns während des Krieges nicht von hier fortzurühren, im Stillen hat jedoch Lisi heimliche Pläne gemacht, wie wir nach dem Kriege wieder nach Wien ziehen würden, denn scheinbar wollte das Schicksal nicht, daß wir je in Berlin seßhaft werden sollten.

Unsere größte Sorge war, daß unser Greterl während all der furchtbaren Kriegswirren in Berlin bleiben mußte. Walter war in Amerika, und nur selten erfuhr ich durch ein paar Zeilen des Roten Kreuzes, daß es ihm gut ging. Er machte stetig seinen Weg und ist heute mein prominenter Nachfolger im Darstellen von Komikern. Nur durch Briefe und Bilder habe ich erfahren, daß er eine reizende kleine blonde Frau mit veilchenblauen Augen gefunden hat und ihm der liebe Gott schon ein Mädelchen schenkte.

Nach jeder der mit enervierenden Trommelwirbeln im Radio breitgetretenen Sondernachrichten und Hiobsbotschaften rief ich zitternden Herzens in Berlin an, um zu wissen, wie es Greterl ginge. Nie hatte ich solche Sorge um mein Kind gehabt. Selbst damals nicht, als sie es sich als ganz junges Mädel in den Kopf gesetzt hatte, Geigerin zu werden. Mit bienenhaftem Fleiß erreichte sie die nötige Reife, daß ich sie auf ihr Bitten in meinen Konzerten mitwirken ließ.

In Heidelberg bekam sie als Zwölfjährige die erste

Ohrfeige, weil sie sich die Augen schwarz und die Lippen rot malte. Es hat aber nichts genützt. Sie hat weiter gemalt. Zuerst heimlich, und dann, als ich sie doch nicht mehr ohrfeigen konnte, nicht mehr heimlich.

Als sie mich bat, singen lernen zu dürfen, habe ich es rundweg abgeschlagen. Ich weiß von mir nur zu gut, welche Opfer unser herrlicher, aber grausamer Beruf fordert, und die wollte ich ihr ersparen. Aber auch das Singen hat sie heimlich gelernt.

Und dann las ich eines Tages in der Zeitung, daß am Montag Margarete Slezak, die Tochter des bekannten usw. usw., als »Goldene Meisterin« im Theater an der Wien debutieren wird. Das darauf folgende Erdbeben hat sie zerknirscht, aber dennoch selig über sich ergehen lassen, denn - sie war beim Theater. Daß ich zersprungen bin und acht Tage kein Wort mit ihr geredet habe, hat sie weiter nicht geniert.

Auf Bitten von Lisi sind wir doch heimlich ins Theater gegangen und haben sie uns angehört. Gerührt saßen wir im Hintergrund der Loge, hielten uns bei den Händen und sprachen kein Wort. An dem Abend, als sie vom Theater heimkam, hat sie wieder das erste Bussi bekommen.

Das nächstemal setzte sie es heimlich durch, daß man sie als meine Partnerin, als Recha, bei einem meiner Gastspiele in Brünn engagierte. Ich sang den Eleazar. Bei meiner Ankunft sagte man mir, daß man einen zweiten Gast als meine Partnerin gewonnen habe, und ich vergaß, nach dem Namen der Dame zu fragen. Wer aber beschreibt mein Erstaunen, als am nächsten Morgen mein eigenes Kind auf der Probe erscheint und sich als meine Partnerin vorstellt. Was half mir alles Wettern und Toben, das Kind hat mein Theaterblut geerbt. Wieder mußte ich sie nach der Vorstellung gerührt in die Arme schließen, denn sie hatte ihr Operndebüt zur Ehre unseres Namens gut absolviert.

Weit schlimmer war die Überraschung und die Sorge, als wir sie in Bremen bei einem Gastspiel wähnten und eines Tages ein Kabel von den Azoren bekamen: »Bin mit eigenem Ensemble auf Gastspieltournee nach Buenos Aires - stop - Keine Sorge. Alles wird herrlich.«

Wir waren wie zerbrochen, und diesmal bekam sie erst nach Monaten das erste Bussi, weil - sie nicht eher nach Hause kam.

Auf meine Tierliebe pochend und um den ersten Anprall zu mildern, hat sie aus Buenos Aires einen Affen mitgebracht. Als ich mich ihm zärtlich nahen wollte, hat mich die Bestie in den Finger gebissen und sich im übrigen auch so unmanierlich benommen, daß wir sie schnell weiterschenkten.

Mittlerweile hat sich Greterl's Lust an Überraschungen etwas gelegt. Sie war lange Jahre als akkreditierte Sängerin ihres Fachs am Deutschen Opernhaus in Berlin. Gerne bin ich meinen Filmverträgen dorthin gefolgt, weil wir dann viel zusammen sein und ich ihre Fortschritte beobachten konnte. Die Verleihung des Kammersängerin-Titels an sie hat mich mit der gleichen Freude erfüllt, die diese Auszeichnung mir zu meiner Zeit gemacht hat.

Dann unterbrachen die harten Schläge des Krieges den Aufstieg ihrer Laufbahn. Bomben zerstörten ihr schönes Heim und das Opernhaus. So traurig der Anlaß war, ich war beruhigt und glücklich, denn nun band sie nichts mehr an Berlin, und sie konnte zu uns nach Hause kommen.

Aber auch jetzt, in dieser schlimmen Zeit, hatte sie noch eine Überraschung für uns in petto.

Eines Tages erklärte sie mir: »Papa, morgen kommt dein neuer Schwiegersohn!« Ich hielt diese Worte für einen Scherz, aber bei dem nun folgenden Verhör erfuhr ich, er heiße Peter, sei Rheinländer und auch Tenor. Ob dieses letzteren Hinweises fühlte ich zwar mein Herz vor Eifersucht erbeben, doch dann ergab ich mich und sagte: »Er möge kommen.«

Einigermaßen mißtrauisch besah ich mir das neue Familienmitglied am nächsten Tag, um dann festzustellen, daß er trotz »Beau« und Tenor eine seltene Jubiläumsausgabe eines Schwiegersohnes darstellte. Nun da Gretel und Peter verheiratet sind, sitzt er mir stundenlang gegenüber als mein dankbarstes Publikum. Wenn ich uralte Witze erzähle, hört er andächtig zu, weil er sie noch nicht kennt, ein Umstand, der mir als Erzähler besonders sympathisch ist. Er lacht sogar an den richtigen Stellen, und so herzlich, daß ich darüber selbst vergnügt werde.

Außerdem ist er ein Gedächtniskünstler. Er merkt sich alle Geburtstage vom Kaiser Augustus bis zu unserer »O«. Er kennt das Telefonbuch von vorn bis hinten auswendig und weiß sogar Flüsse und Städte in die richtigen Länder zu setzen, was beim Lösen von Kreuzworträtseln äußerst wichtig ist. Er ist ein wandelndes Konversationslexikon.

Peter irrt sich nie. Wenn man ihn sucht oder braucht, ist er bereits da. Von warmer Herzlichkeit erfüllt, begrüßt er die Gäste, die ihm gefallen. Den andern gegenüber ist er ein wahrer Frigidaire. Zu all diesen Vorzügen besitzt er ein ausgesprochenes architektonisches und organisatorisches Talent. Ich habe ihn deshalb zu meinem persönlichen Adjutanten ernannt. Er organisiert vorbildlich. Wenn er aufräumt, weil er für Ordnung ist, verräumt er alles so wunderbar, daß man es nie wiederfindet.

Und seine architektonische Begabung müssen wir bewundern, weil wir sie dauernd erleben. Wir sitzen gemütlich beisammen und freuen uns, wie behaglich unsere Einrichtung ist, wie praktisch und wie schön. Am nächsten Tage gibt es eine Überraschung. Peter läßt sich entschuldigen und kommt nicht zu den Mahlzeiten. Abends erscheint er um so strahlender und führt uns anerkennungheischend in den behaglichen Raum von gestern, der sich gänzlich verändert dem erstaunten Auge präsentiert. Peter hat eine Raumgestaltung durchgeführt, um zu beweisen, daß das Wohnzimmer dank seiner Innenarchitektur mindestens so gemütlich ist wie bisher. Und ich bringe es dann nicht übers Herz, meine Enttäuschung zu verraten, weil sein Empfinden für Gemütlichkeit sich nicht ganz mit dem meinen deckt.

Damit aber habe ich die schlummernden Fähigkeiten meines Schwiegersohnes und seinen Tatendrang geweckt. Seitdem versetzt er in dem Haus Räume und Zeiten, im

Garten Hügel und Bäume, er versucht sich an Dach und Keller, schleppt Möbel heraus, hinauf, hinunter, reißt Wände und Türen heraus und macht nicht einmal vor der Stille des bescheidenen Örtchens halt. Seiner Schöpferlust sind keine Grenzen gesetzt. Das W.C. wird mit Kacheln, Spiegeln und echten Stichen ausgestattet, um wirkungsvoller und zweckheiliger zu sein. Auf dem »gewissen« Griff aber schillert poesievoll eine blühende Kaktee in den herrlichsten Farben.

So steigert sich sein Schönheitssinn zu einem wahren Gestaltungsrausch. Seine untadelige Bügelfalte ist tagsüber der Lederhose gewichen, und die Fluten des Tegernsees reichen kaum aus, um Schmutz, Kalk und Schutt von seinem Körper zu waschen. Er sorgt mit rührender Hingabe dafür, daß wir uns nie langweilen. Hat man sich gerade an den Zauber der Umgebung gewöhnt, so ist das nur der Auftakt zu einer neuen Verwandlung.

Meinen Wunderhund Hasi, der deshalb ein Wunderhund ist, weil er hinten wie vorne duftet, hat er mit Geschick aus der Schadhaftigkeit seiner vierzehn Lebensjahre zu neuer Jugend gebracht. Hasi hat keine kahle Stelle mehr, sondern genießt beglückt die Wärme eines frischgewachsenen Fells.

Auch als mein Leibchauffeur ist Peter ein Juwel. Will man Auto fahren, um etwas Dringendes zu erledigen, sieht man zunächst nichts vom Auto, sondern nur Peters lange Beine und seinen tieferen Rücken, den die speckigen Lederhosen spärlich bedecken. Der Kopf ist im Motor vergraben, wo der liebe Schwiegersohn kennerisch und tiefsinnig versunken bohrt, schraubt, feilt und dreht, um alles zu ergründen und zu verbessern. Planmäßig abfahren können wir nie. Dafür jubelt aber die ganze Familie, wenn

Peter beim Wiederzusammensetzen einige Schrauben übrig behalten hat. Und das Sonderbare: Das Auto fährt trotzdem!

Selbst in der Krachledernen, unfrisiert und unrasiert verliert er nichts von seinem Charme, aber das Wichtigste: er hat das Herz auf dem rechten Fleck. Aus diesem Grund habe ich ihn lieb und erkläre mich öffentlich mit der Wahl meiner Tochter restlos einverstanden.

Als unsere geliebte Mami, mein Liserle, krank wurde und nach leidvollen Monaten die Augen für immer schloß, wichen die Kinder nicht von meiner Seite. Greterl sprach mir Mut zu, und bemühte sich, mir klar zu machen, daß ich mich noch einmal an den Schreibtisch setzen und dieses Buch schreiben soll. Sie erklärt, daß die Nachwelt Wert darauf lege. Einer so eitlen Überzeugung bin ich nicht, aber um ihr Freude zu machen, tu ich, als glaube ich ihren Worten. Sie hat mir versprochen, bei mir zu bleiben, bis mein Liserl mich nachholt, und dieses Versprechen ist so ernst, daß ich in manchen Stunden das Leben doch wieder schön finde.

Achtes Kapitel

LILLY UND LOTTE LEHMANN HEDWIG BLEIBTREU

Ehrengastspiele waren an unserer Oper mit ganz seltenen Ausnahmen so gut wie ausgeschaltet.

Ich erinnere mich nur an das Gastspiel Carusos und der alljährlich wiederkehrenden drei Abende von Lilly Lehmann, dieser großen Künstlerin, die als Donna Anna im »Don Juan«, als Fidelio und Norma jeden Herbst wiederkehrte.

Es war nur ein Jammer, daß sie nicht die richtige Zeit wahrgenommen hat, vom Theater abzugehen, sich zu sagen: »Nichts dauert ewig, jetzt mache ich Schluß, solange ich noch den Leuten etwas zu sagen habe, und zerstöre mir nicht das Bild, das ich mir geschaffen und das sich die jetzige Generation von mir macht und nicht mehr findet.«

Ich habe das in den vielen Jahren meiner Karriere so oft erlebt, daß berühmte Kollegen kein Ende finden konnten, obwohl sie, wie auch Lilly Lehmann, sehr reich waren und es sich hätten leisten können. Sie ließen ihren Ruhm, den sie mit Recht besaßen, Stück für Stück abbröckeln, bis die spätere Generation sie mitleidlos ablehnte.

Es ist ja gewiß ein schwerer Entschluß, nach einem so begnadeten Künstlerdasein, nach all den rauschenden Festen, die uns das Leben täglich schenkte, im Zenit, im Vollbesitz seiner Mittel zu sagen: »So, jetzt ist Schluß« und sich in Einsamkeit und plötzliche Bedeutungslosigkeit zurückzuziehen, auf all den Glanz, den Jubel, die Erfolge zu verzichten und diese Stunde des Abschieds nicht immer wieder hinauszuschieben, bis es zu spät ist und dann die grausame Wahrheit einem ins Ohr hämmert: »Du bist nichts mehr, man will dich nicht, du hast deinen einst so herrlichen Namen nicht zu behüten gewußt.«

Mein Gott - und wenn man jetzt zurückblickend von der Warte des hohen Alters, der Abgeklärtheit und Überlegung betrachtet, wie man diesen ganzen Glanz und Ruhm ja so namenlos schwer bezahlen mußte mit unermüdlicher Arbeit, rastlosem gierigen Ehrgeiz, unsäglichen Nervenanspannungen und Aufregungen, Hasten und Jagen in der Welt, mit einer Angst, daß man versagen und auf der Strecke liegen bleiben oder durch Konkurrenz auf einem Nebengeleise verkümmern könnte; wenn man jeden Abend sich seinen sogenannten Ruhm hat neu erkämpfen müssen, die Ellenbogen gebrauchen, sich wehren, die Zähne zeigen, nie zur Ruhe kommen, - da erkennt man, wie teuer das bißchen Berühmtheit erkauft wird, die im Nu verfliegt, am anderen Morgen noch in den Zeitungen registriert wird und dann nicht mehr da ist.

Einunddreißig Jahre habe ich in der internationalen Karriere all das bis zur Neige ausgekostet. Gewiß, es war schön, es war herrlich schön, aber wenn ich an all die Opfer denke, die ich bringen mußte und ohne mein geliebtes Weib nie hätte bringen können, glaube ich, daß ich ein zweitesmal dazu nicht mehr imstande wäre.

Doch nun zurück zu Lilly Lehmann. Sie war eine sehr strenge Dame, die ihre Umgebung terrorisierte und verlangte, daß sich alles ihrem Willen unterwarf. Sie hatte im Grunewald in Berlin ein schönes Haus, an dessen Front folgender Vers stand:

Spare - lerne - leiste was,
dann haste - kannste - biste was!

Sie war ungeheuer sparsam, gab Gesangsunterricht, und ihre Schülerinnen und Schüler hatten nichts zu lachen. Dann hatte sie den Vogelschutzfimmel. So sparsam sie auch war, so opferte sie doch große Summen für Vogel=heime. Wenn sie in Wien war, ging sie in den Stadtpark, die Tauben füttern. Da mußte immer ein Kollege mit einem Riesenbeutel Futter mit ihr gehen.

Meist hatte mein Kollege Erich Schmedes diesen Vor=zug. Er schimpfte wie ein Rohrspatz, weil sie ihm anläß=lich dieser Vogelfütterei Vorwürfe machte, daß er zu wenig an sich arbeite, daß es da und dort bei ihm fehle, und das war ihm naturgemäß sehr unangenehm. Ich lehnte gleich von vornherein ab, ich war für derartige Bevor=mundungen kein geeignetes Objekt.

Bei einer Fidelio=Probe saß sie auf dem Regiestuhl beim Souffleurkasten auf der Bühne der Hofoper, die Füße in einem Fußsack, einen schäbigen Pelz um, einen alten ver=depschten Hut auf, und schaute drein wie ein beleidigter Skorpion. Da ging ich zu ihr hin und hielt ihr folgenden Vortrag: »Schaun's, gnädige Frau, eine große Künstlerin sind Sie, Geld haben Sie wie Mist, schön sind Sie, daß Sie in jedem Freudenhaus eine Attraktion sein könnten, und machen ein Gesicht wie ein bösartiger Affenpinscher - warum? Sind's fesch, kommen Sie zu mir zum Essen. Lisi wird sich freuen, wir haben heute Zwetschgenknödel wie sie nur in Märchenbüchern vorkommen, ich erzähle Ihnen viele jüdische Witze. Sie werden ein bißchen lachen und fröhlich sein.«

Da lachte sie auf, tätschelte mir die Wange und sagte: »Verrückter Zwickel!«

Sie soll einmal bildhübsch gewesen sein, erzählte Papa Robinson, der mit ihr jung war. Sie war mit einem Tenor Kalisch verheiratet, den sie so gedroschen haben soll, daß er es ablehnte, mit ihr weiterzuleben. Jedenfalls war sie eine große Persönlichkeit.

Mit mir sang sie »Fidelio«, schuf immer noch eine edle große Gestalt, war aber, was Innigkeit und Herzenswärme anbelangt, ihrer jungen Namensvetterin Lotte Lehmann weit unterlegen, nicht mit dieser zu vergleichen.

Lotte Lehmann war mir von den vielen Leonoren, mit denen ich gesungen habe, die liebste. Sie hatte das Geheimnis, das einzige Geheimnis, das wir haben - Herz. Wenn das Herz zu sprechen anfängt, schlägt es alles um sich herum, den Verstand, die schönste Stimme, die vollendetste Gesangskunst und die glänzendste Routine. Der Ton, der aus dem Herzen kommt, geht zum Herzen des Hörers, der vielleicht gar nicht weiß, woran es liegt, warum ihm so warm wird, was ihn so befriedigt - so beglückt.

Das war auch meines lieben Lehrers Robinson immerwährendes, sich zum Fanatismus steigerndes Ermahnen, Flehen und Bitten: »Leo, mehr Herz - denk an deine Lisi.« - Selbst beim Skalensingen mußte ich mir irgendeinen innigen Worttext unterlegen und niemals die Noten um der Noten willen singen.

Das fehlte Lilly Lehmann. Es war alles ausgefeilt, ausgearbeitet, und soweit eben die Mittel in ihrem hohen Alter vorhanden waren, einwandfrei. - Aber man blieb kalt. Ich habe sie leider erst als alte Dame erlebt. Aber es kann alles vergehen, die Stimme kann welken, der Körper kann alt werden, aber das Herz bleibt, so lange es schlägt, jung. Das kann uns kein Altern nehmen.

Lilly Lehmann hat sehr viel für die Salzburger Fest=

spiele getan, dies alles in selbstloser, aufopfender Weise, eine Fanatikerin ihres Berufes. Sie hat auch sehr gescheite Bücher geschrieben über das Singen, mit Notenbeispielen, Zeichnungen, wie die Zunge liegen und wie sie nicht liegen soll, was natürlich kein Mensch liest, und wenn es jemand liest, so wird er blödsinnig. Sollte er schon singen können, so verlernt er das, was er kann.

Ich kam das letztemal mit ihr in Salzburg zusammen, wo sie mich zu einem Festspiel als Tamino in der »Zauberflöte« preßte.

Ich hatte dreimal abgesagt, weil ich im Sommer meine Ruhe haben wollte, aber sie ließ nicht locker, steckte sich hinter meine Lisi, na, und wenn die was wollte, da gab es für mich kein Nein.

Sie sang die erste Dame, führte Regie und kümmerte sich wirklich in rührender Weise um alles.

Sie war eine fanatische Priesterin ihrer Kunst.

Mit Lotte Lehmann verbindet mich heute noch eine herzliche Freundschaft. Sie lebt jetzt in Santa Barbara in Californien, und wird in Amerika als die überragende Künstlerin gefeiert, die sie hier gewesen war. Noch immer gilt sie als prominenteste Darstellerin der Feldmarschallin im »Rosenkavalier«.

Außerdem ist sie auch unter die Schriftsteller gegangen! Solltest Du, liebes Lottchen, mich in Deinem sicher epochalen Werk erwähnen, bitte verschweige, wie schlimm ich auf der Bühne war, denn das würde den seriösen Eindruck, den ich stets mache, gefährden! Im übrigen schreibt sie wunderbare Briefe. Einer der allerersten Briefe, die ich nach dem Kriege von drüben erhielt, war von ihr.

Es gibt schöne Briefe, und es gibt scheußliche Briefe. Über die schönen freut man sich, über die anderen zer=

springt man vor Zorn oder wirft sie in den Papierkorb. Wenn man älter wird, überwiegen die schönen Briefe, weil die Absender dem teuren Greise eine Freude machen wollen. An scheußlichen Briefen hingegen ist meist das Finanzamt oder die Steuerbehörde schuld. Außerdem muß man »binnen weniger Tage« darauf antworten. Auf die schönen Briefe antwortet man natürlich auch, aber das hat - Gott sei Dank - Zeit.

Wird man siebzig, haben leider auch die schönsten Briefe eine scheußliche Seite, weil sie einen nämlich rücksichtslos auf die entschwundene Jugend aufmerksam machen. Ich habe so viele Briefe zu diesem bedauerlichen Festtag bekommen, daß es schon anstrengend war, sie zu lesen. Aber es hat mir wohlgetan, daß ein paar Absender über die Tatsache der Siebzig humorvoll hinwegsahen und sie nicht noch besonders erwähnten. Zu diesen mitfühlenden Mitmenschen gehört auch die ehemalige Burgtheaterkollegin Hedwig Bleibtreu, die mir so reizend geschrieben hat, daß es beinahe an eine an Plemplemeritis grenzende Bescheidenheit mahnt, die alle wirklich Großen auszeichnet. Aber wenn sie auch zerspringt, ich werde ihr nicht verraten, daß sie eine gute, eine herrliche, eine einmalige Schauspielerin ist. Ich kenne sie schon lange. Wie lange, werde ich nicht schreiben, das erfordert das Gebot der Rücksicht.

Apropos Rücksicht. Bei einem Diner wird Fisch serviert. Forellen. Herr Jelinek nimmt von den fünf Forellen drei und legt sie auf seinen Teller. Da stammelt der entsetzte Diener: »Aber Herr Jelinek, nehmen Sie doch Rücksicht auf die anderen Gäste!« - Da sagt Herr Jelinek belehrend: »Ich nehme keine Rücksicht, ich nemm Fisch!«

Diese köstliche Anekdote, anläßlich deren man schon

zu Zeiten Julius Cäsars ihres hohen Alters wegen Ohrfeigen bekam, wenn man sie erzählte, paßt zwar nicht in diesen Artikel, aber sie würzt seinen Inhalt.

Der Burgtheaterkollegin Hedwig Bleibtreu werde ich rücksichtsvoll mit Maschinenschrift antworten. Man behauptet nämlich, meine Schrift sei unleserlich und es bedeute eine Frechheit, anderen Zeitgenossen derartige Rebusse aufzugeben. Man müsse meine Briefe einem männlichen Apotheker hintragen, um sie dort entziffern zu lassen. Merken Sie was, lieber Leser? Männlichen Apotheker? Man meint, man könne nie wissen, ob man meine Briefe einem weiblichen Apotheker zeigen darf. Wie weit dies auf Wahrheit beruht und welcher Prozentsatz Gemeinheit dabei ist, um mich zu verletzen, weiß ich nicht, - aber es muß doch was dran sein. Daher die Rücksicht.

Ich werde der Hedwig Bleibtreu schreiben, daß sie für mich ein Stück sonniger Jugend bedeute. Ich sehe sie, wenn ich mich zurückerinnere, in allen ihren herrlichen Frauengestalten in Brünn auf der alten, lieben Bühne, in edelster Schönheit erstrahlend. Ich sehe sie im Münchener Bauernensemble mit dem seligen Hofbauer als Direktor in köstlichen Bauernrollen. Herrgott, sie war zum Fressen!

Ich bin stolz darauf, daß ich mit ihr spielen durfte, wenn es auch nicht besonders ehrenvoll für mich war. Sie, die Bleibtreu, spielte die Lea in den »Makkabäern«. Ich war ein Jude namens Aaron. Ich hatte auf die Bühne zu stürzen und zu schreien: »Der Syrier - der Syrier!« Mein Direktor Aman hatte mir diese bedeutende Rolle nicht gegeben, weil er der Anschauung gewesen wäre, daß sie nur und ausschließlich nur von mir dargestellt werden könnte, - sondern weil er ein guter, lieber Kerl war, der mir das Spielhonorar von 10 Gulden zuschanzen wollte, und weil ich ein armer Teufel war und Geld brauchte. Der Räder war Regisseur.

Auf der Probe also stürze ich hinein und brülle mit vollem Organ: »Der Sierier - der Sierier!« Räder unterbricht milde und meint erläuternd und liebenswürdig: »Sie Trottel, es heißt nicht Sierier, sondern Sürier mit Ypsilon. Merken Sie sich das!« Nachdem ich das sechsmal - zuletzt sogar richtig - gemacht hatte, wodurch die Generalprobe ungebührlich in die Länge gezogen wurde, kam der Abend, die Vorstellung.

Die Bleibtreu hatte eine lange Rede mit viel Organ und auffallendem Benehmen zu halten, da stürze ich in voller Aufregung hinein und brülle, in meinen alten Brünner Dialekt verfallend: »Der Sierier - der Sierier!« Ein ziemlich herzliches Gelächter der Zuschauer begleitete diesen meinen Auftritt. Die schöne Lea=Hedwig zersprang vor Zorn, weil die »Makkabäer« doch keine lustige Komödie, sondern ein trauriges antiarisches Stück sind. Und als der Vorhang fiel, sagte sie zu Räder: »Den talentlosen Lausbuben da will ich nicht mehr sehen. Der hat mir meinen ganzen schönen Monolog geschmissen. Wer ist denn das eigentlich?« Räder sagte: »Unser jüngster Heldentenor!« Da lächelte die Bleibtreu verzeihend und meinte: »Ach so, jetzt begreife ich, ein Tenor!«

Aber ich durfte den Aaron hinfort nicht mehr spielen, und meine 10 Gulden Spielhonorar bekam ich auch nicht.

So lernte ich Hedwig Bleibtreu kennen. Als ich sah, wie sie noch immer leicht zürnend kochte, ging ich zu ihr hinüber, küßte ihr die Hand und bat um Verzeihung. Damit war die Sache ritterlich ausgetragen, und die Künstlerin war von mir bezaubert.

Viele Jahre später haben wir uns dann in Berlin dar=

über unterhalten. Mein Gott, war das damals schön! Wenn ich nur die Zeit zurückdrehen könnte und wieder dieser talentlose Lausbub sein dürfte, - wie gern würde ich wieder »Der Sierier« schreien und mich von der jungen Künstlerin mit zornigen Worten und Blicken bewerfen lassen!

Und später in Wien ... In wieviel Rollen habe ich Hedwig Bleibtreu dann noch gesehen und sie verehrt wie ein Gymnasiast seine erste Flamme. Und sie ist nicht nur eine großartige Schauspielerin, sondern auch ein großartiger Mensch. Als man mich seinerzeit wegen der verlorengegangenen schlanken Linie unbarmherzig auf Hungerdiät setzte und mir der Magen zum Halse heraushing, war sie gegenüber den schadenfrohen Reden der übrigen Kollegen die einzige mitfühlende Seele. Daß sie mir, weil meine Eingeweide gar so bedrohlich knurrten, sogar einmal ein Kipferl heimlich zusteckte und dann solange Posten stand, bis ich es hinuntergeschlungen hatte, das sei ihr nie vergessen!

Damals hatte man ja die Möglichkeit, alles zu kaufen, was man essen wollte. Ich durfte nicht: wegen meiner Heldengestalten. Jetzt, wo ich darf und es wurscht ist, ob mir der Bauch bis auf die Knie herunterwächst, jetzt kann man nichts kaufen. Das ist schon ein Verhängnis. Jeden Sonntag haben wir Hackbraten. Mir ist so mies davor, daß ich immer froh bin, wenn der Sonntag vorüber ist.

Fragt einer einen andern: »Was haben Sie für einen Beruf?«

»Ich bin Nachtigallenzungenkonservant!«

»Ja, um alles in der Welt, wo nehmen Sie denn die vielen Nachtigallenzungen her?«

»Die werden natürlich gestreckt mit Pferdefleisch.«

»Zu welchem Prozentsatz?«

»Eine Nachtigallenzunge auf ein Pferd!«

Das ist unser Hackbraten! Ich habe 63 Pfund abgenommen.

Das schrieb ich dem Filmregisseur Emo und erklärte, daß ich nun infolge meiner Schlankheit Liebhaber spielen wolle. Darauf bekam ich die lieblose Rückantwort: »Es kommt nicht darauf an, daß du 63 Pfund abgenommen hast, sondern auf dein Gesicht, und dies gehört schon seit zwanzig Jahren in die Hose!« Welcher Mangel an Feingefühl! Hätte der Mann das nicht irgendwie rücksichtsvoller umschreiben können?

Bei Hedwig Bleibtreu wäre eine solche Lieblosigkeit nicht vorgekommen. Sie ist eine vornehme Natur und versteht mich. Mit ihr würde ich die feurigsten Liebhaberrollen zusammen spielen können - und man würde uns zujubeln. Nur dürfte man nicht wissen, daß wir uns schon so lange kennen. Sonst würde man uns die Jahre nachrechnen. Die Menschen nehmen eben keine Rücksicht. Aber eines ist ganz sicher. Das Herz der Hedwig Bleibtreu ist genau so jung geblieben wie das meine, und darum ist es keine Schande, wenn ich ihr eingestehe, daß ich sie verehre und liebe wie vor -zig Jahren. Sie ist wunderbar! Und selbst die übelsten Nachredner können ihr nichts Übles nachreden.

Neuntes Kapitel

KARL BURIAN UND PRAGER FREUNDE

Mein berühmter Kollege, der Tenor Karl Burian, seiner=zeit der beste Tristan, war mit mir an der Metropolitan=Oper in New York engagiert.

Er kam, wie so viele Große, aus dem Künstlerzwinger des Hofrates Pollini in Hamburg, der die Gabe und das Glück hatte, junge Talente zu finden, diese auf »berühmt« abzurichten, um sie dann, wie Hagenbeck seine Raubtiere an die verschiedenen zoologischen Gärten, den großen deutschen Theatern zu überlassen. Selbstverständlich tat er es nicht um der schönen blauen Augen der großen Theater willen, sondern um soviel wie möglich Profit und als Zuwage Ehren, Orden und Titel zu ergattern.

Karl Burian kam nach Dresden ans Königlich Sächsische Hoftheater und wurde dort bald der Liebling des Publi=kums.

Die Gattin eines Universitätsprofessors, eines Zoolo=gen, dessen Spezialfach die Erforschung der Fortpflanzung der Maikäfer und anderer Schädlinge des Waldes, der Wiese und der Flur war, verliebte sich sterblich in ihn, denn daß diese Käferangelegenheit auf die Dauer die hüb=sche, junge und temperamentvolle Frau nicht fesseln und befriedigen konnte, war nicht zu verwundern. Ganz Dres=den wußte um diese Liebe, die nur deshalb nicht zum Skan=dal ausartete, weil das Interesse des Gatten voraussichtlich

mehr auf die Seite der Käferschädlinge neigte, und er das andere nicht sehen wollte oder wirklich nicht sah.

Die Zeit der Amerikareise Burians rückte heran, da verschwand plötzlich Frau Marschenka, wie sie von Burian genannt wurde, aus Dresden, und da sie von ihrem Mann nicht reklamiert wurde, scheint dieser dadurch seelisch nicht allzusehr belastet gewesen zu sein.

Burian kam in New York an und wurde von Marschenka am Peer selig begrüßt. Sie zogen in eine Pension dritten Ranges, wo man in punkto sturer Einstellung auf das Verheiratetsein weniger Wert legte. Dort lebten die beiden als Mr. und Mrs. Burian in liebevollster Eintracht und Glückseligkeit.

Sie hatte einen wohltätigen Einfluß auf ihn, denn leider war auch er ein Quartalssäufer, der in der ominösen Zeit seines Rauschzustandes sich vieles zerstörte und seine Karriere schwer schädigte.

Er war ein kleiner, untersetzter, unscheinbarer Mann mit einem gewöhnlichen Mopsgesicht, einer Knöpfelnase und wasserverschwommenen Trinkeraugen. Trotz dieser körperlichen Defekte war er, wenn er auf der Bühne stand, eine große Persönlichkeit und zog das Publikum in seinen Bann.

Marschenka war ihm mit Leib und Seele ergeben, war immer um ihn, wenn er sang, ersetzte seinen Garderobier, verabreichte die kleinen Handgriffe vor Auftritt und Abgang von der Bühne, kurz, war ihm ein ungemein wertvoller Weggenoß.

Die beiden liebten sich unendlich, sie leitete die Wege ein, ihre Scheidung zu bekommen, woran sie nicht zweifelte, und sie entschlossen sich, wenn sie nach Europa zurückkämen, einander zu heiraten. Es kam der Monat März. Da erkrankte Marschenka. - Ende März starb sie.

Verzweifelt und niedergeschmettert saß Burian an ihrer Bahre und konnte das Unglück, das ihn betroffen, nicht fassen. Er ließ Marschenka einäschern und nahm Ende April die Urne, die ihre sterblichen Reste barg, nach Europa mit. Er trennte sich nicht von ihr, um sie in Prag in seinem Familiengrab zur letzten Ruhe zu betten.

In Prag, am Masaryk-Bahnhof, erwartete ihn sein Bruder Jan, der Bassist des Tschechischen Nationaltheaters. Er wollte ihm die in Zeitungspapier eingewickelte Urne abnehmen und sie dem Träger übergeben, der das ganze Gepäck Burians nach Hause zu schaffen hatte. Dieser wehrte sich. Als Jan fragte: »Was hast du denn in diesem Packel?« sagte er nichts als: »Meine Marschenka, und die gebe ich nicht aus der Hand; auch auf der Reise habe ich sie immer auf dem Schoß gehalten, weil es vorgekommen ist, daß einmal ein Schwiegersohn die Urne seiner Schwiegermutter im Gepäcknetz vergessen hatte und diese verloren gegangen ist.«

Der erste Gang vom Bahnhof war in ein berühmtes Pilsener Bierhaus, das in Verbindung mit einem Selcherladen ein Wahrzeichen von Prag bedeutete. Es ist selbstverständlich, daß nach monatelanger Entbehrung in Amerika seine Sehnsucht nach den Prager Selchwaren, die einzig in der Welt dastehen, so übergroß war, daß er sich vor allem diese Köstlichkeiten, für die die deutsche Sprache keine erschöpfenden Superlative hat, gönnen wollte.

Marschenkas Urne wurde mitten auf den Tisch gestellt, und die ganze Unterhaltung drehte sich nur um sie, um ihre unwahrscheinlichen Vorzüge, wobei viele Tränen vergossen und diese mit vielen Bechern wunderbarsten Pilsener Bieres ersetzt wurden.

Nachdem bereits eine gehobene Stimmung sich eingestellt hatte und statt einer schon drei Urnen auf dem Tisch waren und beim besten Willen keine Selchererzeugnisse mehr vertilgt werden konnten, entschloß man sich, ein anderes, ebenso berühmtes Bierhaus auf der Kleinseite aufzusuchen, wo das Pilsener noch um 50 Prozent besser sein sollte. Man ließ einen Einspänner kommen, nahm Marschenka auf den Arm und fuhr auf die Kleinseite.

Dort gab man sich weiter dem Genuß des Bieres hin, frischte fröhliche Erinnerungen aus der Jugendzeit auf; bei jedem frischen Glas wurde mit der Urne angestoßen, um Marschenka leben zu lassen. Die Brüder sahen sich schon vierfach, die Urne sechsfach, und da entschloß man sich, in ein Vergnügungslokal zu gehen, welches in der Gesellschaft verpönt ist.

Dort angekommen, fanden sie es nicht luxuriös genug und gingen nach einem kurzen Verweilen in ein anderes. Das wiederholte sich so einigemale, bis sie endlich den Wunsch hatten, nach Hause zu gehen.

Am nächsten Morgen erwachte Karl Burian mit einem riesigen Kater und stellte mit Entsetzen fest, daß seine Marschenka nicht da war. Trotz allem schärfsten Nachdenken gelang es ihm nicht, sich zu besinnen, wo er sie gelassen haben könnte. Er wußte nur noch, daß sie im Bierhaus Schumlaschek auf der Kleinseite in sechsfacher Ausführung am Tisch gestanden hatte. Da dort eine Anfrage negativ ausfiel, so konnte sie nur in einer der vielen Lasterhöhlen, deren Namen und Adressen ihm auch nicht mehr in Erinnerung kamen, geblieben sein.

Jetzt galt es herauszufinden - wo? Das konnte nur durch ein Zeitungsinserat geschehen, welches ungemein vorsichtig und taktvoll abgefaßt werden mußte, um nicht beim Publikum anzustoßen. Denn es war ja unmöglich zu schreiben: Ich, Karl Burian, habe meine Marschenka als Urne in einem Puff vergessen. Da ich in mehreren dieser Puffs gewesen bin, weiß ich nicht, in welchem. Ich bitte, gegen hohe Belohnung mir meine Marschenka wiederzu-

bringen -. Sondern nach reiflichem Überlegen wurde in allen deutschen und tschechischen Blättern folgende Notiz aufgegeben:

»In einem Vergnügungslokal wurde eine Blechbüchse wertvollen Inhaltes vergessen. Da der Betreffende mehrere solcher Vergnügungslokale aufgesucht hat, deren Namen und Adressen ihm entfallen sind, bittet er an die Administration des Blattes um zweckdienliche Mitteilung, die bei Übergabe dieser Blechbüchse hoch belohnt wird.«

Am nächsten Morgen bekam er von der Geschäftsleitung der Lidowé Noviny die Mitteilung, daß die Büchse im Lustbarkeitssanatorium »Napoleon«, Wodickova 28, erlegt sei und dem Besitzer zur Verfügung stehe.

Burian warf sich in einen Wagen und raste ins »Napoleon«. Dort hatte die Äbtissin des Etablissements die Büchse bereits mit dem Büchsenöffner aufgemacht, um nach dem in der Zeitung so bombastisch hervorgehobenen wertvollen Inhalt zu forschen.

Obwohl ein Drittel Marschenkas verschüttet war, freute sich Burian, daß er sie wenigstens zum Teil wieder hatte, entrichtete seinen Obulus und fuhr direkt auf den Friedhof, wo er sie gleich beisetzen ließ, damit er nicht noch einmal in Versuchung komme, die Arme wieder an einem Ausflugsort suchen zu müssen.

Von da ab ging es leider mit ihm rapid bergab, und nach kurzer Frist ist er an Delirium tremens gestorben. Auch einer von den unglücklichen Großen, die von unserem Herrgott so begnadet waren und nur der Gnade der Selbstbeherrschung nicht teilhaftig wurden.

Sein Namensvetter, der in Prag so populäre Komiker Vlasta Burian, besitzt sein eigenes Theater und versammelt jeden Abend ein in Strömen herbeieilendes Publikum

um sich. Er ist von einem eigenartigen wirklichen Humor getragen, denn es ist ein großer Unterschied zwischen Humor und Witz. Der Humor kommt aus dem Herzen, geht zum Herzen und kann niemand weh tun, während der Witz eine Sache des Verstandes ist und sich meist auf Kosten anderer breit macht.

Also, Vlasta Burian hatte wirklichen Humor, herrliche, drollige Einfälle und seine Hauptwirkung erzielte er da=mit, daß er sich mit dem Publikum unterhielt und seine Freunde in den Logen oder Parketts apostrophierte.

In Prag gibt es zwei Bahnhöfe, den Masaryk= und den Wilson=Bahnhof.

Ich gastierte in Prag an der Oper und ging an einem freien Abend zu meinem lieben Freunde Vlasta. Da begrüßte er mich, selbstverständlich in tschechischer Sprache, und sagte mir: »Lieber Herr Kammersänger, ich habe gehört, daß Sie in vierzehn Tagen wieder nach diesem Amerika fahren. Tun Sie mir den Gefallen und grüßen Sie mir den Wilson. Sagen Sie ihm, er habe hier in Prag seinen Bahnhof vergessen, er möge ihn doch abholen lassen, weil er uns im Weg steht.«

Ich versprach es ihm, hatte aber keinen Erfolg, denn der Bahnhof steht heute noch dort.

Das Schöne an der Prager Zeit war, daß der Nationalitätenhader vor uns Künstlern Halt machte und Deutsche und Tschechen in herzlicher Harmonie miteinander verkehrten. Die tschechischen Kameraden besuchten meine Vorstellungen, und ich war an vielen Abenden ein gern gesehener und herzlich willkommener Gast im Tschechischen Nationaltheater.

Dadurch, daß ich die tschechische Sprache in Wort und Schrift wie das Deutsche beherrsche, waren die Aufführungen in den tschechischen Theatern für mich immer ein großer Genuß. Gerne wäre ich wiederholten Einladungen, in der Tschechischen Nationaloper italienisch zu singen, nachgekommen; das ist aber politisch leider nicht möglich gewesen, was mir jedesmal sehr leid tat.

Besonders an die Maifestspiele in Prag, die der damalige Direktor Angelo Neumann veranstaltete, knüpfen sich schöne Erinnerungen.

Angelo Neumann war einer von den damaligen überragenden Theaterdirektoren, der - wie Pollini - es verstanden hatte, Talente zu entdecken, zu fördern und so zu erziehen, daß die meisten ganz bedeutende Stellungen im künstlerischen Leben einnahmen. Viele große Männer sind aus seiner Schule hervorgegangen, namentlich Kapellmeister, wie Karl Muck, Gustav Mahler, Franz Schalk, Leo Blech, Arthur Nikisch, Alexander Zemlinsky und noch viele andere. Ebenso Sänger und Schauspieler, die ganz große Namen trugen.

Da fällt mir eine kleine Begebenheit ein. Als ich noch in Breslau war, bat mich meine Schwägerin, ich möchte mir doch eine Freundin von ihr anhören, die gerne zum Theater gehen und wissen möchte, ob sie talentiert ist. Sie sei Koloratursängerin und die Schülerin einer Kollegin vom Stadttheater. Das Mädchen kam, sang mir vor und machte auf mich einen kläglichen Eindruck.

Ohne zu wissen, daß sie bei einer Kollegin von mir studierte, gab ich ihr den Rat zu heiraten, viele Kinder zu kriegen, die gewiß alle so lieb und so nett werden würden, wie sie selbst, aber die Hände vom Theater zu lassen. Deprimiert zog das Mädchen ab, und ich wurde von der Familie ob meiner so krassen Aufrichtigkeit mit Vorwürfen übergossen.

Bei den Maifestspielen in Prag sang ich den Ferrando in Mozarts »Così fan tutte«. Da stellte sich mir meine Partnerin, die die Fiordiligi sang, als die berühmte Margarete Siems von der Dresdner Hofoper vor und erinnerte mich an ihr Vorsingen bei mir in Breslau und wiederholte lachend die vernichtende Kritik, die ich ihr hatte zuteil werden lassen. Ich schämte mich sehr und habe mir seitdem nie mehr einen Menschen vorsingen lassen, um mich nicht noch einmal so einer Blamage auszusetzen.

In diesen Maifestspielen gab es nicht nur deutsche Opern, mit den berühmtesten Sängern aller deutschen Theater als Gästen, sondern auch italienische Opern mit den dort an der Spitze stehenden Künstlern. An einem dieser italienischen Abende hatte Caruso, als man von seiner Existenz noch keine Ahnung hatte, als Herzog in »Rigoletto« einen derartigen Erfolg, daß er von da ab die allgemeine Aufmerksamkeit auf sich lenkte.

Die Tage in Prag zählen zu den schönsten Erlebnissen, deren wir uns erinnern können. Wir wohnten im »Blauen Stern«, dem damaligen ersten deutschen Hotel Prags, des=sen Besitzer unsere besten Freunde wurden und ein Men=schenalter blieben.

Zehntes Kapitel

BOHUMIL PETRALEK

Es war in Lachodowitz, einem kleinen Städtchen in Mähren. Man versuche nicht, Lachodowitz auf der Land=karte zu suchen, weil man es ja doch nicht finden würde. Das Städtchen heißt gar nicht so, ich habe nur, dank meiner ins Auge fallenden Intelligenz, dieses Pseudonym gewählt, um eventuellen Anpöbelungen besonders chau=vinistischer Lokalpatrioten aus dem Wege zu gehen.

Um den ziemlich weitläufigen Marktplatz, dessen Mitte die obligate Mariensäule schmückt, reihen sich die typi=schen Laubengänge mit den Geschäften und anheimeln=den Selchwarenbunkern. Eines der stattlichsten Patrizier=häuser trug die stolze Aufschrift: »Jaroslav Petralek - Wäschefabrik mit Dampfbetrieb. Das erste Haus am Platze.« Es konnte sich mit Recht so nennen, weil kein anderes in dieser Branche da war.

In den Laubengängen spielte sich das Leben von Lacho=dowitz ab, es war der Korso und um die Mittagszeit war tout Lachodowitz zu treffen. Der jetzige Seniorchef der Firma, Bohumil Petralek, ist einer der angesehensten Bür=ger der Stadt, Gemeinderat, Stadtverordneter und Präsi=dent des Jungfrauenbundes.

In Belangen der Sittlichkeit und Keuschheit ist er be=sonders maßgebend und strenge. Er gründete den Jung=frauenbund, weil die Moral in Lachodowitz bedenklich zu wanken begann und man diesem Fleck auf dem blanken Schilde der Stadt ein gebieterisches Halt entgegensetzen mußte.

Seiner allzu würdigen, seine Umgebung stets belehrenden Art wegen, war er ziemlich unbeliebt und man nannte ihn schlicht: den ekelhaften Petralek. Einige auch: den widerwärtigen Vonsichbläser. Wenn sich jemand so recht anmaßend aufspielt, nennt man das: er bläst von sich.

Seine Gattin Amalia, geborene Krk, war die Tochter des ersten Kolonialwarenhändlers und Geschäftsinhabers Jaromir Krk. Die Überlieferung sagt, sie soll 20 000 Kronen Mitgift gehabt haben. Seit einundvierzig Jahren ist sie seine getreue Gattin, die ihn mit rührender Sorgfalt umgibt. Sie läßt in Brünn, im Maison Womatschka arbeiten und ist in punkto Mode für Lachodowitz maßgebend.

Der älteste Sohn, Karlitschek Petralek, ist der Juniorchef des Hauses, seit ungefähr zwölf Jahren verheiratet und hat den Senior zum doppelten Großvater gemacht.

Dann ist noch eine Tochter - Marschenka - da, ein sehr liebes Mädel von neunzehn Jahren, ein Spätling und das Nesthäkchen der Familie. Sie ist ein fröhliches, vielumworbenes Persönchen, und so mancher Jüngling hat ein Auge auf sie und das im Hintergrunde lauernde Vermögen geworfen, das sie einmal kriegt, wenn sie heiratet. Aber wie die Liebe oft auf einen Kuhfladen fällt, fiel diese bei Marschenka auf den Werkführer der Firma, den ehrengeachteten Jüngling Agamemnon Brzinatschek aus Butschowitz bei Brünn.

Eines Tages merkte der alte Petralek, daß sich da etwas zwischen seiner Tochter und dem Agamemnon aus Butschowitz entwickelte. Er nahm sich erst seine Tochter vor und erklärte ihr, daß für eine Petralek andere Pläne

obwalten als eine Verbindung mit Brzinatschek, seinem Werkführer, der zwar ein gewissenhafter Mitarbeiter, aber, vom finanztechnischen Standpunkt aus betrachtet, ein Schnorrer sei. Er kam vor fünfzehn Jahren als Praktikant ins Geschäft, aber trotz seiner Erhebung zum Werkführer haftete ihm noch immer die Atmosphäre des Praktikanten an, der das Lokal aufspritzt.

Nachdem Petralek seiner Tochter den Kopf zurechtgesetzt zu haben glaubte, rief er seinen Werkführer ins Allerheiligste, ins Chefzimmer, und gab ihm zu verstehen, daß er mit seiner Tochter andere Absichten habe und der Hoffnung Ausdruck gebe, daß diese Liebelei liquidiert würde. Sollte er noch irgend etwas auf diesem Gebiet bemerken, das auf einen Rückfall diesbezüglich deute, fliege er hinaus, obwohl er mit seinen Leistungen zufrieden sei.

Auf Grund dieser apodiktischen Zurechtweisung sammelte sich in Brzinatscheks Brust ein Groll an, der zum Haß emporschwoll.

Eine sehr gewichtige Persönlichkeit der Firma war auch der Reisende, Jaromir Schkatula, ein gebürtiger Nezamislitzer, ein tüchtiger, weltgewandter Mann, dessen Spezialgebiet Kremsier, Holleschau und besonders Nezamislitz umfaßte und der sogar nach Prerau und Neutitschein seine Fühler auszustrecken verstand.

Er hatte immer irgendwelche Scherzartikel bei sich, die zur Erheiterung jeder gebildeten Tafelrunde erheblich beitrugen. Er schmuggelte zum Beispiel seiner Tischnachbarin ein köstlich nachgemachtes falsches Gebiß in die Suppe, was ganz besonderen Beifall auslöste, als es entdeckt wurde und der Inhaberin der Suppe übel geworden war. Oder er offerierte Zigarren, die nach einigen Zügen mit einem furchtbaren Knall explodierten und dem also Beschenkten das Gesicht derart schwärzten, daß er noch wochenlang mit wunderbaren Brandwunden herumging. Und vieles andere mehr.

Kein Wunder, daß man ihm mit Recht den Titel eines geschmackvollen Humoristen zubilligte und man gleich feststellen konnte, daß er zeitweise in Lundenburg gelebt hatte und mit der großen Welt vertraut war.

Man schrieb den 10. Juni 1910. Die Firma Petralek feierte ihr fünfzigjähriges Geschäftsjubiläum. Brzinatschek sagte unentwegt »Jubälium«, trotzdem es ihm des öfteren ausgebessert wurde.

Im großen, altväterlichen Speisezimmer des Hauses: ein langer, ganz ausgezogener Tisch, wunderschön von Marschenka gedeckt - sie war nicht umsonst drei Wochen in Brünn im Hotel Padowetz, wo sie kochen und servieren lernte. Blümelein aus dem Garten waren auf dem Tisch harmonisch verstreut, und in der Mitte der Tafel war aus gelben Butterblumen eine große »50« aufgelegt. Scheinbar unabsichtlich legte sie dem Werkführer einige Vergißmeinnicht neben seinen Teller. Marschenka war poetisch veranlagt und huldigte dem Motto: Laßt Blumen sprechen.

Es waren achtzehn Personen, also nur die engste Familie und die zehnköpfige Belegschaft der Fabrik versammelt. Alle waren sie schon viele Jahre in der Firma - am längsten aber die Kragenbüglerin Frau Nerdula, die mit 48 Dienstjahren die Nestorin der Arbeiterschaft war und eine besondere Ausnahmestellung hatte.

An der Spitze der Tafel thronten würdegebläht der Seniorchef und seine Gattin. Am gegenüberliegenden Ende der Juniorchef Karlitschek Petralek mit seiner Ehefrau Emilie, einem schüchternen Frauerl, die sich im Hause der Schwiegereltern immer befangen fühlte, weil sie sowohl von Seiten der Schwiegermutter, wie auch des Schwiegervaters ununterbrochen aus irgendeinem Grunde getadelt wurde. Es war eine Liebesheirat. Sie war die Tochter eines Kleinbauern aus der Umgebung. Diese Wahl Karlitscheks stieß auf Widerstand seiner Eltern, den er jedoch dank seiner Energie brach. Seine beiden Kinder, zwei schlimme Buben, die auf den Nerven ihrer Umgebung herumtraten, saßen neben ihren Eltern. Einer hieß Karlitschek wie sein Vater, der andere, jüngere, Bohumil, nach dem Großvater.

Brzinatschek saß in der Mitte der Tafel und übernahm es, der Wortführer seiner Belegschaft zu sein. Auch oblag es ihm, die eingelaufenen Glückwünsche vorzulesen, was er mit einem Stachel im Herzen tat, weil er eine Stinkwut auf den alten Petralek hatte.

Das Mahl war herrlich und überreichlich, wie es in dem gesegneten Lande Mähren, wo Milch und Honig fließt, gang und gäbe war. Riesenschüsseln mit Gänsebraten wurden aufgetragen, die wunderbare goldbraune Kruste leuchtete faszinierend auf dem Tisch, dazu herrliches Süßkraut, mit Zwiebel angeröstet und mit Zucker nachgesüßt - nach Brünner Art; Kartoffelschmarrn, mit Gänsefett abgeschmalzen, vervollkommnete das Märchen. Die Anzahl der Gänse war nicht zu eruieren, sie muß aber sehr stattlich gewesen sein.

Gerade als die Gänse auf den Tisch gestellt wurden, klopfte der Juniorchef an sein Glas und hielt eine Rede, in der er die Verdienste seines Vaters um das Ansehen und Gedeihen der Firma Jaroslav Petralek würdigte und gelobte, in die bewährten Fußstapfen seines Vaters, des Herrn Gemeinderates und Stadtverordneten, zu dem ihn das Vertrauen der Bevölkerung von Lachodowitz erhoben hatte, zu treten. Auch der Statistik wurde gedacht und die Anzahl Hemden und Unterhosen im Jahre 1870, als sein Vater das bescheidene Unternehmen übernahm, der jetzigen Produktion gegenübergestellt, und man kam zu dem Resultat, daß der Erfolg für Lachodowitzer Verhältnisse ruhig mit gigantisch angesprochen werden könne.

Bei der besonderen Betonung der Verdienste um die Herstellung von fil d'écosse=Leibchen, schrie eine Arbei=

terin auf, weil sie dieser Lausbub, der kleine Karlitschek, der widerwärtige Sproß des Juniorchefs, unter dem Tisch, wohin er zu diesem Behufe gekrochen war, in die Waden zwickte. Es wurde unliebsam bemerkt, weil eine Pause eingeschaltet werden mußte, die zum Abohrfeigen des lieblichen Knaben benutzt wurde.

Endlich war die Rede zu Ende - da erhob sich der Seniorchef und dankte in wohlgesetzten Worten, die er sich seit Wochen zurechtgelegt hatte, und endlich konnte die Gans serviert werden, was mit einem allseitigen Seufzer der Erleichterung begrüßt wurde, weil man schon Sorge hatte, daß die Gans von der vielen Rederei kühl und ranzig werden könnte. Es ist für die Knusperizität der Gänsehaut, die einen wesentlichen Teil der ihr innewohnenden Wonne bildet, nicht günstig, weil sie vom langen Stehen leicht lätschig wird. Leider wurde nach kurzer Zeit

das Essen wieder unterbrochen. Der unverwüstliche Humorist, der Reisende Schkatula stand auf, erhob sein leeres Glas und sagte: »Mein verehrter Chef und Jubilar, nachdem wir nichts zu trinken haben, stoße ich auf das Wohl der Firma mit der Zunge an.« Tiefbeschämt erteilte Frau Petralek der Magd Anka einen Ordnungsruf und bedachte sie mit einem Basiliskenblick. Im Nu wurde Bier und Wein hereingebracht, Marschenka half auch die Gläser füllen.

Als dies geschehen war, hub Schkatula an: »Ich rechne es mir zur Ehre an, das illustre Haus Petralek in der Welt vertreten zu dürfen, und freue mich, daß es mir, dank der Gediegenheit der Wäscheerzeugnisse und der strengen Solidität des Hauses gelungen ist, eine Kundschaft um die andere an uns zu fesseln und die gewiß überall akkreditierte Firma Bundalek in Brünn langsam, aber sicher auszustechen. Namentlich sind es die fil d'écosse-Leibchen, unsere Spezialität, die uns zum Beispiel in Holleschau die Herzen der Holleschauer erobert haben. Auch in Kremsier hat ein Lechzen nach unseren Leibchen eingesetzt, das ich nach Kräften zu nähren bestrebt bin. In diesem Sinne erhebe ich mein Glas und trinke auf das Wohl des in Gott ruhenden Gründers der Firma, seines genialen Nachfolgers, unseres Seniorchefs Bohumil Petralek und auch seines Herrn Sohnes, unseres Juniorchefs Karlitschek Petralek. Die Obgenannten leben hoch - hoch - hoch!«

Nun konnte man endlich wieder eine Eßpause einschalten, die hörbar veranschaulichte, wie gut es allen schmeckte. Allgemeines Lob ergoß sich über Marschenka, die als Verantwortliche für das gute Essen zeichnete. Diese lehnte bescheiden ab und errötete pflichtgemäß.

Nach gebührender Pause erhob sich der Werkführer Brzinatschek von seinem Sessel, klopfte an sein Glas, schilderte in großangelegter Rede seinen Werdegang von dem Tage an, da er als Lehrling in die Firma eintrat, bis zum heutigen Tage, der ihn als Werkführer an die Spitze der zehnköpfigen Arbeiterschaft stellte. Alles hörte den langstieligen Erörterungen ziemlich interesselos zu, bis endlich dieser Redestrom, der sich breiartig über seine Zuhörer ergoß, sein Ende fand und Brzinatschek zur Verlesung der eingegangenen Glückwünsche schritt.

Da plötzlich kam ein Brief mit dem Siegel des Amtsgerichtes von Lachodowitz, den sich der rachsüchtige Agamemnon als besonderen Knalleffekt zum Schlusse aufhob und den er mit innerem Behagen, aber anscheinend ahnungslos laut und vernehmlich vorlas. Er lautete:

»An Herrn Bohumil Petralek in Lachodowitz.

Die 25jährige Josefa Vozasek erhebt Anklage auf Zahlung von Alimenten für das am 17. Mai d. J. geborene Kind männlichen Geschlechtes, das auf den Namen Bohumil, nach seinem Vater, getauft wurde.

Sie haben am Freitag, den 12. Juni d. J. auf dem Zimmer des Amtsgerichtes in Lachodowitz um 10 Uhr zu erscheinen.

Im Auftrage:
Frantischek Vrbalek
Gerichtsschreiber«

Darauf lähmendes Erstaunen und peinlichstes Stillschweigen in der Runde. Der alte Petralek erschrak sichtlich und stammelte nur: »Das muß ein Irrtum sein.« Nach einigem verlegenen Herumstottern wurde die Tafel aufgehoben, und die Gesellschaft löste sich auf.

Petralek eilte zum Telefon und verlangte den Rechtsanwalt Dr. Knobelbecher. »Herr Doktor, was soll ich machen, ich bekomme da eine Vorladung vom Amtsgericht, ich soll mich wegen einer Paternitätsklage verantworten - ich bin unschuldig. Es darf zu dieser Verhandlung nicht kommen, das wäre ein besonderes Fressen für meine politischen Gegner und ganz Lachodowitz.«

»Ich komme sofort«, scholl es zurück.

Der Anwalt kam, und es wurde beschlossen, die Private Vozasek kommen zu lassen und sie mit dem Herrn Stadtverordneten zu konfrontieren. Aber die Vozasek lehnte ab: sie will klagen, weil sie sonst nichts kriegt, sie kenne diese hohen Herren, auf einmal ist man die Petschierte. Also Gerichtsverhandlung.

Durch die Stadt ging es wie ein Lauffeuer. »Hast du schon gehört? der Petralek, dieser ekelhafte Sittenapostel, der sich aufbläht, als ob er der heilige Antonius selber wäre - ein Casanova! Ein Wüstling! Das wird fesch, da gehen wir hin.« Schon um 9 Uhr ist der Gerichtssaal von einer hin- und herstoßenden Menschenmenge überfüllt.

In der ersten Reihe, quasi unter den Prominenten, sitzt die Gattin des Beschuldigten. Sie ist von der Unschuld ihres Mannes fest überzeugt, denn, wenn sie den geringsten Zweifel an der Treue des Gatten hätte, wäre sie ja nicht gekommen und hätte sich nie den schadenfrohen Blikken dieser mit Abneigung geladenen Menschen ausgesetzt.

Da war die Apothekerin, die Gattin des Apothekers, die sich vorige Woche über ihren Hut mokierte und meinte, wenn man ein so breites, unvornehmes Gesicht hat, setzt man sich nicht so ein winziges Affenkappel auf den Kopf. Das hat ihr die Putzfrau Blahoda, die jede dritte Woche die Fenster putzen kommt, unter dem Siegel der Verschwiegenheit wiedererzählt. Betonte aber ganz besonders: »Bitt schön, gnä Frau, tuns mich aber nicht verraten. Ich geh schon 17 Jahre hin die Fenster putzen; wenn sie weiß, daß ich es Ihnen wiedergesagt habe, redt sie nix mehr vor mir, und das wäre ein Jammer, da hätt ich ja nix mehr zum Erzählen.«

Also, die Apothekerin saß, anscheinend an dem Unheil der Petraleks anteilnehmend, aber innerlich jubilierend, daß die aufgeblasene Petralekische eine auf die Goschen kriegt, da und wartete auf das Theater. Als sie aber noch die Steueramtsrevidentsstellvertretersgattin Wotruba erblickte, die kein Hehl aus ihrer Freude machte, die Petralek in der Tinte zu glauben, da bekam sie doch ein leises Würgen im Halse und dachte ganz im geheimen: Sollte dennoch? Aber nein, das ist ganz ausgeschlossen.

Es schlägt 10 Uhr, der Gerichtshof tritt ein. Der Amtsrichter und der Gerichtsschreiber, als Protokollführer.

Eisige Stille im Saal.

Petralek wird vor die Gerichtsschranke gerufen.

»Bohumil Petralek, geboren am 26. April 1860 in Lachodowitz, wohnhaft daselbst. Sie werden von der Privaten Josefa Vozasek beschuldigt, der Vater ihres am 17. Mai 1910 geborenen Kindes männlichen Geschlechtes zu sein - und besagte Josefa Vozasek verlangt die Bezahlung der gesetzlichen Alimente für dieses Kind. Wollen Sie sich dazu äußern.«

»Hoher Gerichtshof, das muß ein Irrtum sein, ich bin mir diesbezüglich keiner Schuld bewußt und weise die Anklage zurück.«

»Josefa Vozasek, treten Sie näher - was haben Sie zu sagen? Kennen Sie diesen Herrn? Ist das der Herr, den Sie als Vater ihres Kindes bezeichnen?«

Josefa Vozasek starrt den Gemeinderat Petralek ganz entgeistert an und stammelt ganz zerknirscht: »Bitte, den Herrn kenne ich nicht, das war ein anderer.«

Der Richter fauchte sie an: »Ja, wie können Sie es denn wagen, einen der geachtetsten Bürger unserer Stadt in diese so unangenehme und peinliche Situation zu bringen? Wie sind Sie überhaupt dazu gekommen, seinen vollen Namen und Adresse: Wäschefabrikant Bohumil Petralek, Lachodowitz, Marktplatz 5, so genau anzugeben?«

Ganz verwirrt gesteht die Klägerin: »Ich bitt schön, Herr kaiserlicher Rat, also der betreffende Herr hat auf seinem Hemd ein Laschel gehabt, darauf ist gestanden: Bohumil Petralek, Wäschefabrik, Lachodowitz, Marktplatz 5.«

Petralek wurde natürlich freigesprochen, die Apothekerin war enttäuscht, die Steueramtsrevidentsstellvertretersgattin ist zersprungen, und Frau Petralek strahlte ihren treuen Gatten selig an. Man verließ den Gerichtssaal, die Menge löste sich auf, und die Stadt hatte für lange Zeit Gesprächsstoff und etwas zum Lachen.

Aber unwillkürlich blieb doch etwas an Petralek kleben. - Man raunte sich ins Ohr: »Er ist ja doch der Vater - das hat er sich so gerichtet. Wir wissen es aus ganz sicherer Quelle!«

Elftes Kapitel

CARUSO, ZENATELLO UND DIE IMPRESA

»Esser un cantante in Italia è una vergogna« (In Italien ein Sänger zu sein, ist eine Schmach), das waren die bitteren Worte Carusos, wenn man ihn fragte, warum er denn nicht in seiner Heimat auftrete und sich von seinen Landsleuten bejubeln lasse.

Seit er berühmt wurde, ist er nicht mehr in Italien gehört worden.

Diese Einstellung entbehrte nicht einer gewissen Berechtigung, wenn man die Verhältnisse von damals in Betracht zieht, die in der Oper und überhaupt im Theaterleben Italiens herrschten. Vor allem einmal war es die hündische Abhängigkeit von diversen Faktoren, die die Macht in Händen hielten.

In erster Linie waren es die grausamen Zaren der Musik, die beiden Verleger Ricordi und Sonzogno, die einem Impresario die Aufführung einer Oper gestatten oder verbieten konnten. Jeder Impresario mußte erst eine komplette Personalliste, vom Kapellmeister begonnen, bis zur letzten kleinen Rolle zur Begutachtung und Genehmigung vorlegen. Wenn Herrn Ricordi ein Tenor oder eine Primadonna nicht paßte, strich er sie und ersetzte die Künstler durch andere, die ihm genehm waren. Selbstverständlich wagte es dann ein anderer Impresario nicht mehr, diese refüsierten Künstler auf sein Programm zu setzen, und die armen Teufel waren damit erledigt.

Naturgemäß versuchten sie, sich die Gunst des Verlages durch würdelose Kriechereien und Betteleien, die die Not gebiert, wieder zu erwerben. Ich habe, als ich an der Scala in Mailand den Tannhäuser sang, dem Chef des Verlagshauses Ricordi meinen Besuch gemacht und erschütternde Bilder im Wartezimmer erlebt, wo die armen Zurückgesetzten um Audienz baten und nicht vorgelassen wurden. Da lernte man so recht die grausame Existenz der italienischen Komödianten kennen und dankte seinem Schöpfer, daß man nicht dazugehörte.

Schon die Künstlerverträge waren wahre Sklavenverträge und spotteten jedem Gefühl von Sitte und Menschlichkeit.

Vor allem aber war Seine Hoheit der Theateragent da, der alle Künstler wie Schuhputzer behandelte, sie duzte, und wenn der Betreffende nicht wirklich eine Rückendeckung hatte oder durch seine künstlerischen Qualitäten bereits im Ausland anerkannt war, so mußte er Demütigungen über sich ergehen lassen, die für unsereinen nicht zu ertragen wären. In Mailand, der Stadt, wo sich alles Geschäftliche Italiens, auch in der Kunst, abwickelte, gab es verschiedene Abstufungen dieser Theateragenten. Jeder einzelne war ein Iwan der Schreckliche im Westentaschen-Format, es waren so viele wie Sand am Meer, und doch jeder, auch der kleinste, mächtig in seiner Sphäre und ausschlaggebend für Sein oder Nichtsein seiner Klienten. Daher war es natürlich, daß ein kleiner, noch nicht arrivierter Sänger vor diesen Hyänen kroch und ein Maß an Nichtachtung, Kränkungen herunterschluckte, das weit über menschliche Geduld ging. Nur in den allerseltensten

Fällen traute sich so ein getretener Wurm einmal zu re-voltieren.

Einem kleinen Tenor war es gelungen, zum Vorsingen von einem Impresario geladen zu werden. Der Impresario wählte eine der schwierigsten lyrischen Arien, die durch ihre riesigen Atembögen an die Grenze des Möglichen geht: die Arie »Spirto gentil« aus »La Favorita« von Donizetti.

Im Mittelteil dieser Arie ist eine Stelle, die eine Phrase über sieben Takte enthält, die in einem Atem gesungen werden soll. Als der Tenor eben zu dieser Phrase an-setzt, klingelt das Telefon im Büro des Impresario. Dieser beantwortet den Anruf, setzt sich wie zu einer längeren Unterhaltung bequem hin, zündet sich eine Zigarette an und beachtet den Sänger in keiner Weise. Dieser rächt sich für diese Nichtachtung, indem er in den Text singend einflechtet: »Porco cano, scoltate, io canto questa phrasa tutto in un fiatto!« (Schweinehund, höre zu, wie ich die Phrase auf einem Atem singe!) Der Impresario war so wenig bei der Sache, daß er nichts von der Beleidigung hörte.

Der Prozentsatz, der an den Agenten zu zahlen war, betrug 25 Prozent, was bei den verhältnismäßig kleinen Gagen ungeheuer war. Bei uns darf ein Theateragent an Provision höchstens 10 Prozent nehmen.

Außerdem hat jede größere italienische Theateragentur ihre Zeitung, die man vor allem einmal für ein Jahr abon-nieren mußte, um nur bei dem Theateragenten vorgelas-sen zu werden. Die Zeitungen nannten sich »Mondo arti-stico« - »Giornale de la casa« - oder »La Scena« etc.

Das Herz tat einem weh, wenn man in der Galleria Vit-torio Emanuele, dem Hauptsammelplatz aller Herumflanierer und besonders der Schauspieler, Sänger und Theaterleute, diese armseligen reduzierten Gestalten herumwimmeln sah. Fröhlichkeit und Zuversicht trugen sie zur Schau und beneideten doch im Innersten die wenigen Arrivierten, die schon in Arbeit waren oder günstig plaziert in Vorbereitung standen und bereits gute Erfolge hinter sich hatten, über die man sprach.

Um auf die schändlichen Verträge zurückzukommen, möchte ich einen Passus erwähnen, der jedem menschlichen Gefühl ins Gesicht schlägt, weil er Tür und Tor dazu öffnete, den mit Mühe zustandegebrachten Vertrag illusorisch zu machen. Es ist der Paragraph: »Il protesto del publico or Maëstro.« Das heißt mit anderen Worten, daß der Vertrag null und nichtig ist, wenn der Maëstro, der Dirigent, bei der Probe erklärt: den Mann will ich nicht. Ebensoviel gilt der Protest des Publikums, welcher sich - was in Italien sehr leicht zu machen ist - in Pfeifen, Johlen, »via cane« und »basta« ausdrückt.

Dieser Paragraph wurde von vielen Impresarios, die sich einen teuren Sänger engagierten, mißbraucht. Wenn ein Künstler die Macht dazu hat, kann er selbstverständlich diesen Passus herausstreichen, und für ihn existiert er dann nicht mehr.

Zwei bezeichnende Episoden haben sich abgespielt und sie sind an die Öffentlichkeit gedrungen, weil sie zwei prominente Persönlichkeiten betroffen haben.

Als Enrico Caruso noch im Werden war, aber schon sehr große Erfolge zu verzeichnen hatte, wurde er an eine italienische Stagione in Barcelona engagiert, mit der damals schon sehr hohen Bezahlung von 10 000 Peseten pro Abend. Das Gastspiel umfaßte sechs Abende und begann mit Carusos Meisterrolle: »Elisire d'amore«.

Nach dem zweiten Akt, der Hauptszene Carusos, setzte plötzlich ein Pfeifen und Geschrei ein, das von dem anständigen Publikum auf das energischste abgelehnt und bekämpft wurde. Im Zwischenakt kam der Impresario mit wundervollen Kummerfalten im Gesicht und jammerte: »Carissimo Caruso, mi dispiace tanto - es tut mir furchtbar leid, lieber Herr Caruso, daß das Publikum protestierte. Ich bin dadurch leider gezwungen, Ihren Vertrag lösen zu müssen, aber um Ihnen und Ihrer Karriere nicht zu schaden, bin ich bereit, Ihr Gastspiel für das Honorar von 2000 Peseten pro Abend bestehen zu lassen und den Schaden, der mir durch Ihre Diskreditierung erwächst, auf mich zu nehmen.«

Daraufhin stand Caruso auf, gab dem Impresario drei Ohrfeigen und warf ihn mit einem Schwung zur Türe seiner Garderobe hinaus, zog sich aus, schminkte sich ab, ließ die Vorstellung im Stich und fuhr in sein Hotel.

Selbstverständlich hatte der geriebene Impresario diesen Knalleffekt nicht vorausgesehen und es riskiert, diesen Trick anzuwenden, weil er ihm wahrscheinlich des öfteren schon gelungen war und er durch diesen »protesto del publico« schon einige Male einen guten Sänger billiger haben konnte. Ein Sänger, der noch nicht die Position und den künstlerischen Kredit eines Caruso hatte, wurde durch eine solche Lösung des Vertrages auf Grund eines Publikumsprotestes furchtbar in seiner Karriere zurückgeworfen, weil es sich mit wohlgefälligem Schmatzen in Komödiantenkreisen wie ein Lauffeuer verbreitet.

Die Stagione wurde von der Polizei gesperrt, die engagierten Pfeifer und Brüller haben sich gegen eine Belohnung gemeldet und den Impresario ins richtige Licht gesetzt. Daß sich dies überhaupt hatte ereignen können,

war ein Versehen von Carusos Sekretär, der diesen Passus hätte leicht ausstreichen können, ehe der Vertrag unterschrieben wurde.

Der zweite Fall spielte sich in Buenos Aires im Theater Colon ab, und zwar mit dem damals bedeutenden Heldentenor Zenatello.

Der sang als Antrittsrolle den Radames in »Aida«. Nach der großen Arie im ersten Akt gab es ein Pfeifkonzert mit ablehnenden Brüllereien. Im Zwischenakt kam wieder der Besuch des Impresarios, und es wiederholte sich derselbe Dialog mit Herrn Zenatello, wie in Barcelona mit Caruso. Schmerzbewegt, mit vor Rührung zuckenden Lippen und vibrierender Stimme wurde Zenatello nahegelegt, für die Hälfte zu bleiben, denn der Vertrag sei ja nach der ablehnenden Haltung des Publikums (das aus einigen Rowdies bestand) gelöst.

Daraufhin sagte Zenatello: »Sie sind da, mein lieber Señor Directore, in einem schweren Irrtum begriffen; für mich gibt es keinen protesto del publico, und ich hätte

Ihnen gewünscht, daß Sie zuerst meinen Vertrag studierten, ehe Sie mich haben auspfeifen lassen. Dann wären Sie sicher zur Einsicht gekommen, daß diese Liebenswürdigkeit nicht in Ihrem Interesse ist.« Wie ein begossener Pudel saß der Señor Directore da, holte den Vertrag und überzeugte sich, daß dieser hundsgemeine Paragraph sorgfältig ausgestrichen war, stammelte Entschuldigungen, beteuerte, daß er selbstverständlich an dem Auspfeifen nicht beteiligt sei, daß er aber der Sache gründlich nachgehen werde, um die Schuldigen zur Rechenschaft zu ziehen.

Die beiden schüttelten sich herzlich die Hände, versicherten sich ihres gegenseitigen Vertrauens und freundschaftlicher Gefühle.

Zenatello blieb in Amt und Würden, sang seine dreißig Vorstellungen, ebenfalls 10 000 Pesetas pro Abend, und war sehr erschüttert, daß er trotz der freundlichen Worte, die seinerzeit gewechselt wurden, von seinem Señor Directore weder gegrüßt noch ausgepfiffen wurde.

Das sind natürlich große Ausnahmen. Leider gelingt es diesen gewissenlosen Hyänen von Impresarios nur zu oft, mit diesem gemeinen Trick ihr Ziel zu erreichen.

Wie das Publikum auf die Behandlung der Künstler durch die Impresarios reagierte, zeigt folgendes Beispiel:

Es war in einer Politeama, einem Sommergastspiel irgendwo auf Sizilien. Man gab den »Bajazzo«. Nach dem Prolog des Tonio setzte heftiges Pfeifen ein, und es erklangen Rufe wie: »Basta, va via, cane!« Der Darsteller des Tonio hielt den Beleidigungen des Publikums stand, und als in den Protesten eine kleine Ruhepause eintrat, verbeugte er sich liebenswürdig, lächelte und rief: »Perchè fischiate a me, aspettate il tenore!« (Warum pfeifen Sie mich aus, warten Sie lieber erst, bis der Tenor kommt!)

Zwölftes Kapitel

RICHARD TAUBER UND »INDIGO«

Mir hat man oft Übles nachgeredet. Warum soll ich es eigentlich nicht auch einmal tun, wenn es sich um einen anderen Tenor handelt, den ich zu meinen Kollegen zählen darf? Nachdem in all den vergangenen Jahren so viel Gutes und empörend Schönes über den Richard Tauber gesagt wurde, so wird es vielleicht nicht uninteressant sein, auch ein abfälliges Urteil über ihn zu vernehmen.

»Alljährlich naht von München her ein Tauber« - so schrieb er mir in mein Egerner Gästebuch, in das sich nur meine intimsten Freunde eintragen durften.

Jeden Sommer sah ich ihn einige Male, wenn er mit 150 Stundenkilometern Geschwindigkeit in seinem Mercedes zu mir herunterflitzte, begleitet von seinem tüchtigen Sekretär und seiner strengen, aber gerechten Gattin Vera Vanconti.

Kam er ohne diese, dann ging es ihm wie mir: da konnte er tun, was er wollte, und durfte sich in die lukullischen Besonderheiten meiner Wiener Küche restlos vertiefen. War sie dabei, dann durfte er es nicht, genau wie ich. . . .

Doch der Tauber ist ein Heuchler! Er schenkte mir in Gegenwart meiner Frau einen Punktroller. Begleitete dieses Geschenk mit tugendhaften Lehren und Ratschlägen, markierte den entsagungsvollen, nur vom Turn- und Rollerfimmel Besessenen: »Weißt du, lieber Leo, das mußt du so machen wie ich ...« Und nun folgten Lobeshymnen, wie er sich kasteie, wie er turne, mensendiecke, punktrollere, wie er dabei abnehme, - bis mich der Neid fraß und ich in ein jammervolles Nichts zusammensank angesichts meiner Elsa, deren Blick vorwurfsvoll auf mir ruhte, als sie sanft, aber eindringlich zu reden begann: »Siehst du, Leoschi, so macht er es - und du, du frißt!« Ich schlug erblassend die Augen schamvoll nieder.

Zum Punktroller schrieb er ein Zetterl: »Bei diesem Roller sollst du mein gedenken!«

Ich mußte nunmehr diesen roten Gummiknüppel auf allen meinen Reisen mitschleppen und die ersten drei Tage sogar punktrollern. Es war qualvoll.

Ist es ein Wunder, wenn ich keine anerkennenden Worte für Richard mehr finde? Außerdem singt er Tenor. Und was besonders erschwerend ist, er singt sogar sehr schön.

Ein ausreichender Grund für mich - zu übler Nachrede!

Wenn man es mir auch nur ungern glauben wird, - aber der Beruf eines Sängers ist schwierig, der eines Tenors noch schwieriger. Man bedenke: fast in allen Rollen hat er im letzten Akt zu sterben. Man liebt, man wird auch fast immer wieder geliebt, aber da ist stets einer da, zumeist der Bariton, der in die Suppe spuckt, der Klötze in den Weg wirft. Was habe ich davon, wenn der Nebenbuhler verschmäht wird, wenn ich dann doch als »derjenige, welcher« im letzten Akt sterben muß.

Wo ist da der Vorteil, die Mezzie?

Man veranschauliche sich nur einmal die vielen Variationen von Todesarten. Bis man es dahin gebracht hat, daß man die verschiedenen Tode auseinanderhält und richtig darstellt - wird man Großvater. Ich bin soweit.

Als ich zum erstenmal in Brünn am Gift der Borgia zu sterben hatte, lachte das Publikum aus vollem Halse und war selten aufgeräumt, und der Kritiker schrieb: »Herr Slezak spielte eine Bauchfellentzündung und übertrieb derart, daß man mit Freuden konstatieren mußte, daß der treffliche junge Künstler diese Krankheit noch nie gehabt hat. Der strebsame Jüngling muß noch lernen, am Gift der Borgia zu sterben.«

Ich habe diesen Fingerzeig durch Wochen, Jahre und Jahrzehnte benutzt und sterbe nunmehr sämtliche Tode geradezu vollendet schön.

Dennoch war das Publikum mit Recht erfreut, wenn solch eine Oper wieder einmal überstanden war. Ein Operettentheaterdirektor sagte sich: wie beglückt müssen die Zuschauer erst sein, wenn der Slezak in einer Operette nicht sterben muß, nachdem sie sich bereits in einer traurigen Oper so amüsieren. Er machte mir einen Antrag, und weil er mich dafür gut bezahlen wollte, sagte ich zu.

Seither habe ich in verschiedenen Operetten gesungen und auch auf diesem Gebiet liebe Freunde und Kollegen kennengelernt, die mich - wie sie behaupten - schätzen und ob meiner trotz der Operntode einiger Jahrzehnte erhaltenen Jugendfrische beneiden. Im »Blaubart« habe ich mit Käthe Dorsch, der Vollblutkünstlerin und fraulichsten Frau, gesungen. Ich fand und finde sie bezaubernd und werde angesichts ihres Charmes zum Aviatiker: »Ich fliege auf sie!«

Auch mit meinem Stimmkollegen Wilhelm Bendow bin ich auf bestem Fuß. Die großen dramatischen Bewegungen habe ich alle von ihm. Eine Anzahl seiner Witze hingegen sind von mir.

Apropos - »Blaubart«. Für solche, die es nicht wissen:

Offenbach hat die Musik geschrieben. Und der unbeschreibliche Zauber, die geniale Unverschämtheit, der Humor und die ausgelassene Lustigkeit dieser Melodien haben mich von Anfang an begeistert. Das Textbuch dagegen? Es ist mir als gutmütigem Menschen, als unbescholtenem Staatsbürger und lächerlich solidem Ehemann selbstverständlich außerordentlich peinlich gewesen, jeden Abend als Massenmörder zu figurieren und mir auf diese Weise die Sympathien aller hübschen Frauen und jungen Mädchen zu verscherzen. Ich habe daher meinen Bekanntenkreis schon vor der Aufführung darauf hingewiesen, daß mein »Blaubart« nur Theater war und ich die Frauen nur umbringen ließ, weil ich dafür bezahlt wurde. Im übrigen aber beurteile ich diese ganze Angelegenheit als ungesetzmäßig und verurteile sie.

Überhaupt die Libretti der Operetten! In einem meiner früheren Werke habe ich einen Opernführer veröffentlicht, um dem Publikum klarzumachen, was eigentlich in den von mir gesungenen Opern passiert. Wenn ich einen Operettenführer schreiben müßte, würde ich einige dicke Bände brauchen, weil das, was da geschieht, noch viel blöder und verwirrender ist als in der großen Oper.

Zur Probe will ich nur versuchen, Ihnen den Textinhalt einer ziemlich unbekannten Operette »Indigo« bekanntzugeben, an der die wundervollen elektrisierenden Klänge der Melodien von Johann Strauß das Schönste sind.

Angesichts der Schwierigkeiten, die sich bei bloßer Angabe der Handlung ergeben, bitte ich Sie, für alle Fälle Ihre Erwartungen auf ein recht niedriges Niveau herabzuschrauben. Seit Wochen zerbreche ich mir den Kopf und weiß mir bei dem vielen verwirrenden Geschehen keinen Rat, weil ich selber nicht daraus klug werde.

Bereits vor über siebzig Jahren ist übrigens diese Operette trotz der herrlichen Musik des unsterblichen Walzerkönigs am Libretto gescheitert. Sie werden fragen, warum ich sie dann wieder ausgrabe? Weil fast alle Operetten einen ähnlichen Blödsinn verzapfen und die ganz modernen im Gewand der Operettenrevue noch einen größeren. Sie ist also sozusagen ein Schulbeispiel für die Operette und darum als belehrendes und abschreckendes Beispiel gewählt.

Wissen Sie eigentlich, wie der Johann Strauß zum Operettenkomponieren gekommen ist? Durch seine Frau. Sie zog heimlich fertigkomponierte Tonstücke aus seinem Pult, brachte sie dem Direktor des Theaters an der Wien, Steiner. Der ließ von seinem Hausdichter, der kein Dichter, sondern ein Macher war, Texte unterlegen und das Ganze zur Probe aufführen. Meister Strauß hörte seine Musik und war einverstanden, weil er von der Musik zwar etwas verstand, nicht aber vom Libretto.

Damals beherrschte Offenbach mit seinem entzückenden satirischen Stil ganz Wien, und der Steiner wollte ihm mit Johann Strauß ein Paroli bieten. Weil er aber auch von der Kunst eines guten Libretto nichts verstand, wurde das Ganze eine betrübliche Angelegenheit und »Indigo« ein Durchfall. Inzwischen hat das Publikum sich leider an den Blödsinn gewöhnt und findet nichts mehr dabei.

Also lesen Sie, staunen Sie, urteilen Sie selber!

Vorerst will ich Sie in das Reich Indigos, des Inselkönigs, führen. Das ist der Ort der Handlung. Dieses ist sehr weit rückwärts, ungewöhnlich abseits und hinten im tiefsten Orient auf einer Insel im Meere, die von den Wellen des Ozeans umspült wird. Die erste Szene zeigt

uns einen lächerlich schönen Garten mit tropischen Gewächsen. Seitwärts der Palast des Königs mit einem Planschbecken, in dem Bajaderen baden. König Indigo hat deren viele, auch in seinen Harems eine Unzahl von Frauen, die sich in diesem Garten ergehen. Angesichts seiner einseitigen Vorliebe für Essen und Trinken langweilen sie sich erheblich. Wenn viele Frauen beisammen sind, reden sie viel, und wenn es eine Operette ist, singen sie viel, also einen Chor.

Der Koloratursopran, der sich dem Chor der Harems=damen anschließt, ist, wie Sie mit Recht vermuten, die Heldin Fantaska, ein resches Wiener Mädel, die damit Fanny respektive Fannerl geheißen hat und erfolglos vom König Indigo geliebt wird. Sie ist die Zierde seiner Ge=mächer, er legt ihr alle Schätze seines Landes zu Füßen, aber sie erhört ihn nicht, weil er ihr, erstens, zu alt und zu häßlich ist und weil sie, zweitens, einen anderen liebt, den ich später vorstelle. Sie hat es aber verstanden, den alten verliebten Kracher so um den Finger zu wickeln, daß sie eigentlich - mit den anderen Frauen im Vereine - das Regiment in diesem Lande führt. Das Werben des Königs ist hundertprozentig platonisch, was diesen mit unaus=löschlichem, aber verständlichem Gitzi erfüllt.

Eine weitere Figur, die nun auf dem Plan erscheint, ist Alibaba, der Eseltreiber, ein junger Philosoph, der Blumen und Früchte bringt. Alle Frauen umringen ihn, um ihm etwas abzukaufen und daneben mit ihm zu flirten, weil er ein sogenannter Feschak ist. Fantaska wirft ein paar Blumen unter die Frauen, um diese abzulenken, dann flüstert sie Alibaba zu, daß er um 2 Uhr nachts mit seinem Esel im Wald an einer bestimmten Stelle ihrer warten solle. Wie absonderlich! - Sie liebt doch den Janio, den Wiener! Und dennoch - und trotzdem - sollte sie? Zu alledem hat Alibaba ein junges, hübsches Weib, die nur leider eine Keppelfunze, eine Bisgurn, eine Beißzange ist, die ihn des öfteren petscht und sehr schmafuh behandelt.

Ist es da ein Wunder, wenn sich der Arme vor ihr fürch=tet und gegen ein nächtliches Rendezvous ist, - doch Fan=taska hat etwas so Energisches, daß sie ihm jedes weitere Wort abschneidet und befiehlt, daß er zu kommen hat, weil sie seiner bedarf. Worauf er gottergeben nickt und ein Loblied auf seinen Esel singt, der sein bester Freund ist und dem er all seinen Jammer klagt.

Nunmehr erscheint die zweitinteressanteste Figur der Handlung, der bewußte Janio, ein Wiener, der daheim Schani hieß und zu dem man das berühmte Wort: »Schani, trag 'n Gartn außa!« sagte. Er liebt Fannerl und hat sich, um in der Nähe der Geliebten weilen zu dürfen, beim König Indigo durch seine fesche Wiener Art eingetegelt, worauf er, weil er die ältesten Kalauer in ein faltenreiches Gewand zu kleiden verstand, zum lustigen Rat ernannt wurde. Mit ihm kommt Herr Romadour, den ich Ihnen hiermit vorstelle. Romadour ist kein Weichkäse, sondern ein Oberpriester, ebenfalls ein Wiener, den es nach diesem Lande verschlagen hat. Obgleich das bereits vor dreißig Jahren geschah, spricht er noch immer das katastrophalste Lerchenfelder Wassererdeutsch, das man sich vorstellen kann. Er hat sich seinerzeit mit kleinen Kunststücken, die er im Wurstelprater erlernte, beim König eine große Stellung gemacht. Er kann zaubern und mit den Ohren wackeln. Nunmehr ist er der Vertraute der Liebenden und vermittelt ihre Zusammenkünfte, indem er Obacht gibt, daß niemand kommt.

So ist es auch heute. Die Liebenden umarmen sich, und was machen drei Personen in einer Operette? Sie singen ein Terzett. Dieses Terzett war übrigens bei der Uraufführung im Jahre 1871 in Wien der größte Erfolg, weil es musikalisch von Strauß so herrlich gestaltet ist, daß es geradezu ein Jammer ist, daß man es so selten singt. Als die drei Leute ausgesungen haben, kommt mit großem Pomp König Indigo persönlich im Kreise seiner Minister, die sämtlich einem Idiotenheim entsprungen sein könnten, so vertrottelt gebärden sie sich.

Merkwürdigerweise spricht auch Indigo ein vorbild=liches Wienerisch. Das hat er wahrscheinlich von Herrn Romadour gelernt. Er ist ein kleiner, dicker, älterer Herr, ein Miniaturjupiter, der wenig singt und viel redet. Vor=nehmlich beklagt er sich über ein miserables Essen, das man ihm vorgesetzt hat. Die Zwötschenknödl waren mit zu wenig Zwötschen gefüllt, der Elefantenrüssel war ihm zu englisch und zach, die Soß hat nach Stiefelwichse ge=schmeckt. Und dann - »wo bleibt der Senf?« - gellt es von seinen Lippen. Da meint der Finanzminister, man habe ihn aus Ersparungsrücksichten weglassen müssen. »Was?« - kräht Indigo indigniert - »bei meine Zwötschen und bei meinem Senf wird mit den Ersparungen angefangt? Ist denn ka Geld da? Zahlt denn das Volk kane Steuern mehr? Was ist denn das für ein Volk?« Als der Finanzminister sagt, daß das Volk bereits seine Steuern zwei Jahr im vor=aus gezahlt hat, meint Janio, daß man das Volk, weil es so voreilig war, mit einer Luxussteuer belegen müsse. Außerdem schlägt er eine Schönheitssteuer bei den Frauen vor, wo nur die Häßlichen steuerfrei sind. Da werden alle als schön gelten wollen und zahlen. Zweitens eine Steuer für die Klugen. Da bleiben nur die Dummen steuerfrei. Kein Mensch wird als dumm gelten wollen, es wird also wieder brav gezahlt. Na, und außerdem könnt man eine Steuer für Tugend und Bravheit einrichten, und weil kei=ner ein Schurke oder Gauner sein will, springt auch dabei etwas heraus.

Eine Volksvertretung soll darüber entscheiden. Wer dafür ist - setzt sich, wer dagegen ist, bleibt stehn. Alle bleiben stehen. Da schreit Indigo sie an: »Wollts euch glei niedersetzen, Bande, elendige!« Erschrocken setzen sich alle nieder, worauf der Finanzminister feierlich verkünden kann: »Einstimmig und mit Begeisterung angenommen!« Das ist alles so von Intelligenz erfüllt, daß man heulen könnte.

In dieses uferlose Blödeln hinein stürzt der Kriegsminister und ruft, daß die bösen Räuber, die bereits verschwunden waren, mit Verstärkung wiedergekommen sind. Der König fragt treffend:

»Was muß ich hörn? Liegt Wahrheit in dem Gewinsel?
Es gibt noch andere Räuber auf meiner Insel?«

Der Kriegsminister antwortet:

»So ist's und - hoher Herr - nicht so verwundert.
Räuber sind do, man schätzt sie auf zwahundert.«

Der König befiehlt, unverzüglich den Staat zu säubern. Aber die Männer ziehen sich feige zurück. Da kommt Janio auf die hervorragende Idee, die Weiber zu mobilisieren. Dabei spricht er den formschönen Satz:

»Nachdem gegenüber den Räubern
Die Männer geworden zu Weibern,
Vielleicht gegenüber den Räubern
Sind zu Männern geworden die Weibern!«

Entsetzlich! Die Weiber werden geholt. Es ergibt sich die passende Gelegenheit zu einem Chor der Bajaderen, die singend beraten, wie die Räuber am besten ausgerottet werden könnten. Fantaska sagt schwungvoll:

»Ein jeder, dem das große Werk gelingt,
Der als Gefangne uns die Räuber bringt,
Erhält als Preis, als Lohn vom Vaterland,
Mich selbst zum Weib, mein Herz und meine Hand!«

Der König protestiert zwar, wird aber überstimmt. Das Ganze verdichtet sich zu einem großartigen Finale, und der erste Akt ist glücklich zu Ende.

Der zweite Akt spielt in einem wildromantischen Felsental. Ein alter Götzentempel, eine Schlucht, alles vom Mond beschienen. Die Frauen liegen in feschen Männerkostümen herum und machen stark auf pittoresk. Fantaska ruht in Räuberpose auf einem Mantel, alles singt ein Räuberlied. Darin behaupten sie, daß sie selber die Räuber und keine Weiber seien, frei von Tyrannei. Das singen sie so lange, bis es aus ist.

Dann berichtet Fantaska in einer Ballade, daß sie zahllose Schätze entdeckt hat, die bisher verborgen waren. Anscheinend hat sie dabei das Rendezvous mit Alibaba vergessen, er hingegen nicht. Er erscheint mit Esel, aber Toffana, seine Xantippe ertappt ihn, und weil er nicht sagen will, wieso und warum er da ist, klebt sie ihm ein knallendes Ohrfeigerl. Das Publikum applaudiert, und Alibaba redet noch irgendeinen Satz, der aber so blöd ist, daß ich ihn der Druckerschwärze nicht anvertrauen will.

Janio, der an Romadours Ehrlichkeit zweifelt und vermutet, daß er ihm etwas über Fantaska verheimlicht, würgt diesen am Halse. Da erscheint Fantaska, und sogleich gibt es ein Liebesduett. Woraufhin die Soldaten des Königs unverständlicherweise im Flüsterschritt und chorsingend über die Bühne marschieren und wieder verschwinden, niemand weiß wohin. Ihr Lied endet mit den Worten:

»Gehn wir den Räubern aus dem Weg,
Vermeiden wir die Schlacht.
So wird die Sache ohne Schläg
Am besten abgemacht.«

Ein löblicher und echt soldatischer Grundsatz!

Nun kommt Alibaba und will sich erhängen, weil er das Leben an der Seite seines hiebfesten Weiberls nicht mehr aushält. Zufällig ist Janio auf den Baum geklettert, an dem die Hängerei vor sich gehen soll. Als das Abschiedslied des Armen verklingt, greift er zum Messer und schneidet ihn ab. Dabei fällt Alibaba anscheinend auf den Kopf, denn er meint nunmehr, daß er bereits ins Paradies eingekehrt sei. Aber grausam wird er aus diesem Wahn gerissen. Janio, der Eifersüchtige, steigt herunter vom Gezweig und will wissen, was er so geheimnisvoll mit Fantaska zu wispeln hatte. Dabei würgt er ihn recht unsanft, aber Alibaba hat tatsächlich keine Ahnung, weil er nicht erfahren konnte, zu welchem Zweck das Fannerl ihn herbestellt hat. Ha, nun muß er seine Kleider hergeben, die Janio anzieht, um als Pseudo-Alibaba der Geheimniskrämerei auf die Spur zu kommen. Holla, da fällt ein Schuß.

Fantaska tritt auf und sagt triumphierend, daß auf diesen Knall hin das ganze Heer in wilder Flucht das Weite sucht. Dann geht sie zu der nächstbesten Felswand und spricht die geheimnisvollen beschwörenden Worte:

»Mohrle, hab acht, wir nahn im Siegeslauf,
Und ich befehle: Sesam, tu dich auf!«

Da öffnet sich der Berg - wie ein Zauber mutet es an und ist auch einer - Fantaska läßt alle Räuberweiber hineinmarschieren, um als letzte zu raunen:

»Mohrle, halte gute Ruh,
Sesam, Sesam, tu dich zu!«

Und zum allgemeinen Erstaunen schließt sich der Berg gehorsam wieder vor Janio, der alles beobachtet hat. In

Alibabas alten Kleidern gemeinsam mit dem Esel wiederholt er nunmehr das Losungswort. Der Berg öffnet sich, er geht hinein, der richtige Alibaba will hinterher, - da schließt sich ihm grad vor der Nase die Felsenwand, was zu einem komischen Spiel Anlaß gibt. O wie lustig!

Nun erschallt laut Regieanweisung Schlachtenlärm. Es wird wieder geknallt, und in wilder Flucht rast Indigos Heer über die Bühne. Um die Sache aufzuputzen, fallen einige dabei hin, und der Vorhang fällt. Aber er hebt sich sogleich wieder zu einem kurzen glanzvollen Zwischenakt. Das Innere der Sesamhöhle wird vor den staunenden Blicken der verwirrten Zuhörer aufgetan.

Alles ist fantastisch reich mit Gold- und Silberpapier beklebt. Falsche Edelsteine glänzen und glitzern in rauhen Mengen. Gablonz würde vor Neid grün und blau. Irrsinniger Reichtum wird markiert. Fantaska und ihr Gefolge sind malerisch gruppiert und halten Kristallpokale in den Händen. Wenn man aber Kristallpokale in den Händen hält, ist man zum Abgesang eines Bacchanale verpflichtet.

Anschließend wird Fantaska bestürmt, die Goldsachen zu verteilen und sie auf ein Schiff bringen zu lassen, auf daß man sie im Pfandhaus Dorotheum in Wien verklitschen könne. Aber gegen diese Zumutung wehrt sie sich und läßt, um Ruhe zu haben, einen Schlaftrunk in die Kristallpokale füllen, worauf alle sanft einschlummern, natürlich nicht ohne im Schlaf weiterhin süß und melodisch zu singen.

Weil alles schläft, entledigt sich Janio Alibabas Oberkleidung und des Hutes, der ihn unkenntlich gemacht hat, tritt Fantaska entgegen und erklärt ihr mit Bussi, sie sei nunmehr seine Gefangene. Sie flötet:

»Wie, du hier? Ich bin besiegt,
Die Kraft erliegt,
Und ich bin - ach -
In seiner Macht!«

Bitte, das ist kein Scherz von mir, sondern Wortlaut des Textbuches. Die beiden verlassen alsdann das merkwürwürdige Lokal, der Chor singt im Schlummer weiter, der Vorhang senkt sich, und ahnungslos sitzt das Publikum da und nimmt es übel, daß man ihm so etwas zumutet.

Im dritten Akt ist die Szene ein Sklavenmarkt am Meeresstrande. Ein buntes Bild. Wogende Menschenmassen beleben die Gegend. Im Hintergrunde ein Schiff. Sklavenhändler bieten ihre menschliche Ware feil, fuchteln mit Peitschen umher und veranschaulichen wilde Grausamkeit. Was aber die armen Sklavinnen nicht hindert, ein frivoles Ballett zu tanzen und im Chor zu singen. In pompöser Prozession erscheint Indigo mit den Großen seines kleinen Reiches, um sich huldigen zu lassen. In seiner Gesellschaft befinden sich Götterstatuen, die im Hintergrund aufgebaut werden. Die Männer verkünden im Chore, daß sie, wenn auch nicht gerade siegreich, so doch immerhin mit heiler Haut heimgekehrt sind. Indigo aber ist auf die Götter böse und will sie absetzen.

»Denn«, sagt er - »was san denn dös fürene Götter, wenn sie uns nicht haben siegen lassen?«

Der Oberpriester Romadour meint darauf, die Götter hätten ihm schon den Sieg verleihen wollen, aber sie hätten nur keine Zeit dazu gehabt, weil das tapfere Heer unter Indigos bewährter Führung zu früh davongerannt sei.

Indigo widerspricht, das hätten die Götter eben wissen und den Sieg verleihen müssen, ehe das Heer davongeloffen sei.

Der Endeffekt dieses Dialoges: er will selber Gott werden. Romadour erhebt als Oberpriester dagegen Einspruch. Da stellt ihm Indigo kurzentschlossen die Wahl: entweder wird er aufgehängt, oder er muß ihn gegen erhöhte Bezüge als Gott proklamieren. Selbstverständlich wählt er die erhöhten Bezüge, und Indigo wird zur Gottheit.

Nunmehr kommen Janio und Fantaska. Er sagt, er habe alle Räuber gefangen und in Säcke abgefüllt, die er dem König Gott zu Füßen legt. Nun wünscht er seinen Lohn, Fantaska zum Weibe.

Indigo wedelt ergötzlich mit dem göttlichen Palmwedel und hüpft vor gerechtem Zorn. Aber was soll er tun? Gesagt ist gesagt.

Inzwischen werden die Schätze und die Räuberweiber in den Säcken aufs Schiff gebracht. Janio und Fantaska besteigen dieses und rüsten zur Abreise. Indigo bekommt einen der Säcke ausgehändigt. Diesem entsteigt Alibabas böses Weib Toffana, die ihn, damit sich die Stimmung entsprechend hebt, gleich verprügelt, trotzdem er ein Gott

ist. Aber schließlich soll Juno ihren Jupiter ja auch nicht immer sanft umschmeichelt haben.

Der brave Alibaba ist auf dem Schiff in Sicherheit, das sich inzwischen in Bewegung setzt, um direkt nach Wien an die blaue Donau und zum alten Steffel zu fahren. Mit einem chorischen Schlußjubel senkt sich der Vorhang.

Gott sei Dank, die Operette ist zu Ende. Und wenn die Musik vom Strauß nicht wär, gäb es keine Entschuldigung für diesen Blödsinn.

Dreizehntes Kapitel

RADIO

Der Rundfunk ist eine herrliche Erfindung unserer Zeit. Man setzt sich an den Mittagstisch und genießt die Suppe im Walzertakt. Man will sein wohlverdientes Schlafstündchen auskosten und wird von einer sonoren Männerstimme mit belehrenden Vorträgen über Philosophie und Pädagogik in den Traum gelullt. Man ist froh, nach dreißig arienerfüllten Opernjahren seine Ruh zu haben, und ist zum Zerspringen gezwungen, weil jeden Tag ein anderer Tenor die altvertrauten Weisen über den Sender jodelt.

Der Rundfunk ist eine köstliche Erfindung. Meine Köchin stellt - um sich beim Gemüseputzen zu ergötzen - drunten das Radio an, und weil ich aus lauter Begeisterung in allen Zimmern Lautsprecher habe anbringen lassen, erklingt das ganze Haus vom Keller bis zum Boden im Jazzrhythmus.

Ich habe auch selber schon mehrmals vor dem Mikrophon gestanden. Ob dann die Zuhörer abgeschaltet haben, ist mir nicht bekannt, jedenfalls kann man abschalten, und das ist das Schönste am Rundfunk.

Meine besondere Liebe gehört der Kinderstunde. Es ist erhebend, die lieben alten Märchen zu vernehmen und sich vorzustellen, wie blond und engelgleich jene Fee sein muß, die den braven Kleinen die schönsten Geschichten erzählt. Darum habe ich auch auf diese Fee mit dem bürger=

lichen Namen Marianne Kuranda mit kindlichem Gemüt ein Gedicht gemacht. Es ist nicht sehr schön, denn ich bin kein Goethe, aber es ist sinnig und minnig:

Ich bin der kleine Willibald,
Wenn ich auch mies bin schon und alt,
Wird mir trotzdem heiß und kalt,
Denk ich mich in einen Wald,

Sitzend dort im grünen Moos,
Die liebe Tante auf dem Schoß.
Wenn die Welt auch rümpft die Nos,
Das ist mir wurscht, was scheert mich dos?

Großer Gott, wer ist der Mann da,
Ist das nicht Herr von Kuranda?
Der wird doch nicht den Willibald
Petschen woll'n im grünen Wald?

Welches Recht er dazu hatte?
‚Willibald, er ist ihr Gatte',
Raunt es auf im düstren Wald.
Welch mieser Zoff, o Willibald!

Marianne, liebe Tante,
Die ich vor kurzem noch nicht kannte,
Die ich aber jetzo liebe
Ohne Aussicht, - o wie trübe!

Sollte auch dein Mann zerspringen,
Ich mußte diese Verse bringen.
Wenn auch platzen Anverwandte,
Lieb ich doch die Radiotante!

Dieses zur Kinderstunde. Der Rundfunk ist nun längst aus den Kinderschuhen herausgewachsen.

Apropos - Kinderschuhe! Ein Schuhgeschäft in Wien bekam von einem Kunden einen Brief: »Geehrte Firma, senden Sie mir umgehend 20 Paar Kinderschuhe Nr. 20 in Blau mit weißem Einsatz zum Schnüren, ferner 10 Paar Kinderschuhe Nr. 22 in Schwarz mit braunen Maschen von hinten zum Knöpfeln. . . .« Und dann kam noch eine lange Bestelliste an Kinderschuhen, alles genau detailliert, wie sie sein sollten. »Hochachtend Agamemnon Bjelohlawek Lundenburg.« Als Postscriptum stand am Schluß: »Schicken Sie mir lieber nichts.«

Doch davon wollte ich ja nicht sprechen, sondern zum Thema Rundfunk in den Kinderschuhen. Es war damals eine große Sensation, als man ein kleines Kästchen zu kaufen bekam, das mit einem langen Draht an ein Wasserleitungsrohr angeschlossen wurde. Das war ein wunderbares Instrument. Es wurden zwei kleine Steine aufeinandergelegt, der oben erwähnte Draht wurde - wie gesagt - an einem Leitungsrohr angemacht, was den Vorteil hatte, daß man für eine monatliche Gebühr von zwei Mark sämtliche Abflußgeräusche des ganzen Hauses mithören und miterleben durfte. Diese interessanten Geräusche hat uns der Kopfhörer in köstlicher Form vermittelt. Dieser Kopfhörer war ein Kapitel für sich. Man schnallte ihn wie einen Ritterhelm um die Ohren, er drückte schmerzhaft und verbitterte den Hörer bis zur Gallenkolik. Bei Hörern mit abstehenden Ohren allerdings preßte er diese so energisch an die Gehirnhaut, daß er glättend und ausgleichend wirkte. Das war günstig.

Dieser Zustand wurde bald vom Röhrenapparat mit Lautsprecher abgelöst. Die Geräusche waren nun zwar anderer Natur, offenbarten sich in Krachen, Pfeifen, Heulen und Kreischen, aber genau so enervierend wie die früheren. In kurzen Intervallen kamen immer neue Verbesserungen, neue Geräte, die man sich immer wieder kaufte, um mit dem Fortschritt mitzugehen. Da auf einmal war es dann so weit, daß das Radiohören aufhörte, eine Qual zu sein und zum Genuß wurde. Das Säuglingsstadium war gottlob überstanden.

Ich war einer der ersten, die im Radio sangen. Weil aber Singen alleine zu langweilig ist, würzte ich die Lieder und Arien mit Vorbesprechungen und Nachsätzen, die das Publikum mehr interessierten als die ganze Singerei, weil sie angeblich so albern waren, daß man sie als ungewöhnlich empfand.

Das erste Radiostudio in Wien war im neuen Kriegsministerium in zwei Zimmern im vierten Stock untergebracht. Das eine Zimmer war Büro und Warteraum für die Künstler, das andere der Aufnahmeraum, wo das Mikrophon stand. Dieser Raum war höchst abenteuerlich mit Tüchern behängt und benagelt, man sagte, wegen der Akustik.

Apropos - Akustik! In der Wiener Oper sitzen zwei Damen Neureich. Da sagt die eine: »Was sagen Sie zu der schlechten Akustik im Theater?« Worauf die andere schnüffelnd meint: »Ich riech nix!«

Doch das nur nebenbei. In der Mitte des Raumes stand also das gefürchtete Mikrophon, daneben ein Klavier und mehrere Notenpulte - sonst nichts.

Der Ansager trat ans Mikrophon und gab seiner Freude Ausdruck, daß er nunmehr den lieben Hörern einen seltenen Kunstgenuß ansagen dürfe. »Sie hören jetzt die Seufzerarie mit humoristischer Einführung und ebensol=

cher Nachbesprechung«, sagte er, und daß ich die Absicht hätte, die werten Zuhörer mit meinen Seufzern zu er= heitern.

Dann kam ich. Und um nicht gleich aus heiterem Him= mel zu singen, richtete ich erst einige geistvolle Worte an die Hörerschaft, sagte, daß ich sehr aufgeregt sei und froh sein würde, wenn ich mit dem Singen wieder fertig sei - und dergleichen mehr. Nachdem ich gesungen hatte, ap= plaudierte ich mir selber und sagte ins Mikrophon: »Diesen frenetischen Beifall, den Sie, meine Hörer, soeben hörten, habe ich mir selber gespendet!« Alsdann fügte ich hinzu, daß ich mir jetzt für diese wundersame Stunde meinen Macherlohn holen und - nachdem ich meinen Winterrock angezogen habe - nach Hause gehen werde.

Das war damals sehr originell und wurde in den Zei= tungen in herzlicher Form abfällig besprochen und als Verhohnepipelung der Zuhörerschaft gebrandmarkt.

Jetzt ist das ganz anders. Wenn man zu singen hat, darf man nicht reden, und hat man zu reden, muß man des Singens entraten.

Weil ich angeblich ein Chefkomiker und Oberhumorist bin, durfte ich auch einmal als Conférencier vor dem Mikrophon erscheinen.

Gerne tat ich das nicht, denn in meiner Erinnerung ist der Conférencier ein Mann, der nutzlos den ganzen Abend herumwimmelt, auf einem meist minder geistreichen Steckenpferd reitet und gewaltsam heiter ist. Er fällt dann häufig den Hörern sehr auf die Nerven und wird als stö= rend empfunden.

So ein Störenfried sollte ich also sein. Ich entledigte mich meiner undankbaren Aufgabe mit dem mir ange= borenen Charme.

Bitte, hören Sie - das heißt, lesen Sie und stellen Sie sich vor, Sie sitzen am Radio, knipsen am Knopferl - es geht los. Statt daß Sie sich dem Genuß der folgenden sensationellen Darbietungen ungestört hingeben können, werde ich dafür bezahlt, immer hineinzuquatschen und Sie gegen mich zu erbittern. Man hat mir verboten, Ihnen Witze zu erzählen. Den letzten Rest von Möglichkeit, Sie zu unterhalten, hat man mir damit genommen. Im Erzählen von Witzen - lateinisch lochus lozis, im Volksmund Lotzelachs - stehe ich auf einsamer Höhe. Es gibt Menschen, die mein ganzes hochdramatisches Tenorrepertoire für einen Witz hingeben mit der Begründung, daß sie im »Lohengrin« so schwer lachen können.

Ich will es milde machen und Ihnen diese wundervolle bunte Stunde nicht mit aufdringlichen Gemeinplätzen verkümmern. Fabelhafte Sachen harren Ihrer. Es wird Klavier gespielt, auf zwei Klavieren sogar, was ich übertrieben finde - bei einem Klavier kann man schon lebensüberdrüssig werden - ein Herr pfeift dreistimmig auf einem Munde. Ich wäre ratlos, wenn ich das machen müßte. Eine Dame aus New York wird singen, Professor Schulhoff, Hermann Leopoldi, die Milskaja werden Sie zum Rasen bringen. Einer wird den andern in den Schatten stellen, so daß wir vor lauter Schatten ganz benommen werden. Ein junger Mann - er ist erst 16 Jahre alt, was ich als Roheit empfinde, denn wie kann man 16 Jahre alt sein - wird Richard Tauber kopieren.

Ein Komiker ist auch da, und so wird ein Genuß den andern erschlagen. Sie, meine geliebten Zuhörer, werden sich in Befriedigung wälzen, werden von allem beglückt sein, nur nicht von mir, dem Conférencier. Ich werde die Wurzen sein, und es kann mir passieren, daß mich irgend=

ein geliebter Zuhörer auf der Straße erkennt und mich in Erinnerung an diese Conférence verwundet.

Für alle Fälle bitte ich um Nachsicht, und wollen Sie die Rolle, die ich hier zu spielen habe, nicht mit meiner harmlosen, unschuldigen Person verwechseln. Ich will ja nicht - ich muß! Man gestikuliert bereits auf mich los, ich soll Ruhe geben und in medias res gehen.

Dabei fällt mir ein: Man sagte einmal zu einem besonders Weitschweifigen auch, er möge in medias res gehen - da hat er dem Betreffenden ein paar Ohrfeigen gegeben, weil er das für eine Beleidigung hielt. Man glaubt gar nicht, wie vorsichtig man sein muß. Also, gehen wir in medias res.

Es folgt die erste Nummer. Gewöhnlich ist die erste Nummer meist ein Powel. Dies kommt daher, weil man annimmt, daß die Leute noch nicht da sind oder während dieser Nummer von den ihnen falsch angewiesenen Plätzen auf die richtigen übergeschaltet werden. Im Zirkus ist es gewöhnlich eine junge, schuldlose Dame, die auf einem am Fleck galoppierenden Nudelbrettschimmel planlos und in sichtlicher Sorge vor dem Hinunterfallen umherhüpft.

Nein, bei uns ist das nicht so. Unsere Nummern sind alle gleich epochal, gleich überwältigend. Die erste Nummer ist eben die erste, weil doch eben eine Nummer die erste sein muß. Großer Gott, habe ich mich da in ein Wirrsal hineingeredet. Wie gut, daß ich räumlich so ausgiebig von Ihnen getrennt bin. Also - um es kurz zu machen: zuerst Dr. Eugen Billig und Gustav Heinze auf zwei Klavieren. Sie werden nicht gleich merken, daß auf zwei Klavieren von zwei Herren gespielt wird, nur wenn sie dann nicht ganz beisammen sind, werden Sie sagen: es waren doch zwei Klaviere!

Bitte, war das schön? Schön wars, nur, wie gesagt, - ein Klavier hätte es auch getan.

Jetzt kommt eine Amerikanerin aus Wien mit dem germanischen Namen Malina. Malina heißt zu deutsch Himbeere. Wenn ich mir das gestatten dürfte und daheim am Radio nicht Elsa, mein Gemahl, zuhörend säße, würde ich sagen: sie ist eine Himbeere zum Hineinbeißen. So darf ich das nicht. Die Dame kommt zu dieser Sendung direkt aus New York und fährt, sowie sie hier fertig ist und den Macherlohn bekommen hat, gleich wieder zurück. Sie hat das Dampfschiff vor dem Studio in der Schellinggasse warten lassen.

Apropos - bei New York fällt mir etwas ein. Da hatte ich einen Freund, der hatte in Amerika geschäftlich zu tun und war drei Wochen drüben. Zurückgekehrt, war er völlig verwandelt. Ein Yankee! Er konnte nur noch radebrechend Deutsch, sprach alles amerikanisch aus und würzte seine Reden mit vielfachem well, sure und allright. »Well«, sagte er, »ich bin mit einem Automobeil nach Flo=

reida gefahren.« Da meinte ich: »So, und ich war mit der Lokomoteif in Eischl.« Von da ab sprach er wieder ziemlich normal.

Da bin ich schon wieder vom Thema abgekommen. Miß Malina bringt Ihnen - ja, was bringt sie - zuerst ein deutsches Lied aus der »Zigeunerliebe«, als zweites kommt sie uns englisch, damit wir es nicht verstehen können. »Call me darling«. Also, ich muß gestehen, ich finde es nicht sehr ermutigend, wenn man den Gegenstand seiner Neigung erst darum ersuchen muß, daß er einen »darling callt«. Das sollte eigentlich von selber geschehen, spontan, aus eigener Initiative. Von mir aus aber - sie muß es ja wissen!

*

Na, habe ich Ihnen zuviel gesagt? Auch wir wollen sie unsern darling callen. Nun kommt etwas Besonderes. Mein Freund und Kampfgenosse Professor Otto Schulhoff, mit dem ich so manche Schlacht auf dem Konzertpodium geschlagen habe, wenn er mich mit seinen Elfenfingern auf dem Klavier begleitete. Seine Hauptforce ist das Pianissimo. Wie liebkost er da die Tasten, wie streichelt er sie so leise bis zur Unhörbarkeit, und wie kann er wieder dröhnen, daß die Saiten in Fetzen aus der Drahtkommode heraushängen. Ein wahrer Meister auf seinem Instrument. Er bedeutet Ohrenschmaus - Ohrenorgie ...

*

Ist das zum Glauben? Wie sich ein Mensch in so kurzer Zeit so verschlechtern kann? Und die Zumutung, eine solche Katzenmusik anzuhören! Ich kann nur annehmen, daß er plötzlich wahnsinnig geworden ist. Denn wenn er auch - aber so falsch hat er noch nie gespielt!

Zu etwas Erfreulicherem! Es kommt Heinz Volling, ein - wie vorhin bereits erwähnt - 16jähriger Jüngling, lächer= lich schlank, ohne jeden Fettansatz. Er wird uns Richard Tauber kopieren. Also, ich halte sonst nicht viel vom Ko= pieren berühmter Männer, weil meistens nur das Räus= pern und Spucken dabei in Erscheinung tritt. Aber dieser aufreizend schlanke Kollege macht das so verblüffend, daß man mit dem Manne reden möchte, der da sagte: »Mein Herr, Sie sehen einem Freunde von mir so lächer= lich ähnlich, daß ich Ihnen am liebsten eine herunterhauen möchte.«

*

Also, zerspringen könnte man ob dieser Kopie! Und jetzt, meine Damen und Herren, kommt jemand, bei des= sen Namensnennung schon ein begeistertes Flüstern durch den Äther raunt. Das »Raunen begeisterten Flüsterns im Äther« ist übrigens ganz neu, weil es noch nie jemand vor mir gesagt hat. Es ist unser lieber Hermann Leopoldi, der einige Perlen seines Repertoires vor uns hinwerfen wird. Wenn ich ihn sehe, freue ich mich immer sehr, weil er nicht so hundsmager ist wie dieser Tauberkopist - und ich ob seiner Erscheinung nicht vor Mißgunst vergehen muß.

Da fällt mir eine Geschichte ein. Ein Mann lag ganz regungslos und starr da. Die Frau ließ den Arzt rufen, der meinte: »Ja, liebe Dame, Ihr Mann ist tot. Sehen Sie nur seine blauen Hände an!« Da sagte die Frau: »Ach, Herr Doktor, die blauen Hände hat er immer, weil er Fär= ber ist.« Also, der Mann hat Glück, denn wenn er jetzt kein Färber wäre, so hätte man ihn begraben!

Was, das gehört nicht hierher? Ich will mich ja nicht aufdrängen, aber ich lasse mich vom Rundfunk nicht unterdrücken. Also, hören Sie Hermann Leopoldi, meinen lieben Freund. Er singt und begleitet sich selber auf dem Klavier.

*

Na ja, gesangstechnisch war er ja nicht einwandfrei. Er hebt in der Mittellage die Zunge über das Gaumensegel und schiebt den Ton in den vorderen Nasenrachenraum nach, was den Kundigen befremdet. Klavier spielt er hingegen richtiger als Schulhoff.

Nun wird die Sache aber um 50 Perzent netter. Seine Partnerin Betja Milskaja gesellt sich zu ihm, und ihre Darbietungen arten in ein Duett aus. Und wenn sie fertig sind - aber jetzt fangen sie erst einmal an.

*

Und nun, meine verehrten Damen und Herren, nun kommt der Höhepunkt des Abends, der Clou, der Schlager. Jetzt komme *ich!* Wer meine Bücher gelesen hat, weiß, daß ich zeitweise literarische Offenbarungen von Ewigkeitswert geschrieben habe. Ich lese Ihnen mein neuestes, noch ungedrucktes Kapitel vor, und angesichts des großen Genusses, den Ihnen mein dichterisches Genie vermittelt, bitte ich, ein stilles Hoch auf mich auszubringen und mich durch Erheben von den Sitzen zu ehren.

*

Ende, Schluß der Sendung.

Man hat auszuforschen versucht, welche Empfindungen mich als Conférencier durchloderten. Um in dieser Gestalt vor das Weltall zu treten, mußte ich mich wochenlang vorbereiten, mich in endlosen Selbstqualen immer wieder prüfen, ob ich dessen auch würdig sei.

Ich habe es dennoch gewagt. Aber die Sache mit dem Rundfunk hat ihre Schattenseiten. Man hat kein Echo. Niemand lacht, niemand ist empört, und man würde ganz gern einige Insulte und Verbalinjurien in Kauf nehmen, wenn . . . Aber das hat ja keinen Zweck, es ist doch nicht zu ändern. Die Kollegen sitzen auch da und verziehen keine Miene. Bei Stellen, wo man glaubt, der Äther wird sich vor Lachen krümmen, macht der zunächst Mitwirkende ein Gesicht, als ob er sagen wolle: »Wie bedauerlich. Welch ärmlicher, betrüblicher Humor!« Dabei muß so ein Conférencier diese Mitwirkenden auf das intensivste studieren und beim Ansagen ihre besten Seiten in grelles Licht setzen. Und wenn er keine guten Seiten sieht, welche erfinden. Und das ist dann der Dank. Nun habe ich aber einen strahlenden Ausweg gefunden: die Lachkulisse! Die Begeisterungszelle!

Diese besteht aus zwei Personen, die schamlos lachen müssen, aus vollem Halse. Und um dieses zu verstärken, lache ich fleißig mit, flüstere mit veränderter Stimme hie und da ein: »Wirklich glänzend!« oder »Nein, wie gut; Gott, dieser Slezak, einzig!« menge auch einige »Hoch Slezak!« hinein, und so kommt es, daß die lieben Radiohörer einen sensationellen Erfolg des Conférenciers vorgetäuscht bekommen, der eigentlich ohne diese Unterstützung in eine Pleite ausgeartet wäre.

Natürlich sage ich so etwas niemandem. Das ist strenges Berufsgeheimnis, das verrate ich also nur Ihnen und bitte Sie, lieber Leser, das als vertrauliche Information zu betrachten.

Ich könnte Ihnen noch lange weitererzählen, aber ich habe keinen Platz mehr. Und außerdem spielt das Radio gerade eine Platte, die mir sehr bekannt vorkommt. Sie ist

von einem gewissen
Leo Slezak.

Der Rundfunk ist
eine herrliche Erfin=
dung unserer Zeit.

Zahllose Lieder
habe ich in meinem
Leben gesungen. Al=
le habe ich geliebt,
doch am meisten die
von Franz Schubert.
Diesen Meister des
Liedes in seiner
Großartigkeit, Ein=
fachheit und Innig=
keit zu würdigen,
vermag nur ein Sänger, der sich beim Studium mit jedem
Takt eines Liedes erschöpfend beschäftigen muß und nur
so Gelegenheit bekommt, die unschätzbaren Werte, die
in dem kleinsten, schlichtesten Liedchen verborgen liegen,
kennenzulernen.

Für mich bedeutete das Singen von Schubertschen Lie=
dern Gottesdienst, Traum und Schönheit. Dabei kam ein
Frieden, eine Stille über mich und mein Herz, die mich
unsagbar ruhig und glücklich machte.

Welche Gefühle mich beseelten, wenn ich den »Linden=
baum«, »Du bist die Ruh« oder »Frühlingsglaube« sin=
gen durfte, kann ich nicht in Worte kleiden. Gefühle, die
mich dem Alltag ganz entrückten und mich selig machten,
daß ich, gerade ich, diese Lieder singen durfte.

Vierzehntes Kapitel

VON DER MUSE GEKÜSST

Mein Gott, wie herrlich muß das sein, wenn man ein Dichter ist, sich hinsetzt, wenn einem die poetischen Gedanken nur so zufliegen, und man schreibt.

Nach all den Zangengeburten, die ich unter schmerzhaften Windungen zur Welt bringe, sehe ich, daß ich unter allen Umständen doch ein besserer Sänger als Schriftsteller gewesen sein muß. Und wenn einige liebe Kollegen behauptet haben, daß ich besser dichte als singe, so nehme ich das nicht ernst. Das sind kameradschaftliche Nieder=

trächtigkeiten, die mich nicht verwunden können; weiß ich doch, daß sie auf dem Komposthaufen der Mißgunst oder im subtropischen Treibhaus der Neckerei gewachsen sind. Wenn andere Kollegen, namentlich die Tenorkonkurrenten, mich hingegen als Dichter preisen, so weiß ich das schon richtig einzuschätzen, lasse ein bezauberndes Lächeln über meine Lippen huschen und empfehle ihnen wärmstens, baldigst zu zerspringen.

Müßte ich allerdings von der geschriebenen Poesie meines phänomenalen Geistes leben, hätte ich mir längstens die Magenwände einnähen lassen und Plaidriemen lutschen müssen.

Da ich mich nun einmal entschlossen habe, einige Kinder meiner Muse der weiteren Öffentlichkeit vorzustellen, wette ich, daß mißgünstige Leser nachher sagen werden: »Haben Sie schon das idiotenhafte Geblödel von dem Slezak gelesen?« Habe ich das nötig? Die Entscheidung überlasse ich der Nachwelt. . . .

Zur Orientierung füge ich in Stichworten an, bei welcher Gelegenheit die bewußte Muse mich geküßt hat.

Anläßlich einer Autofahrt von Wien nach Egern

Wir fahren in die Welt hinaus.
Juchhei, Tralla, la la . .
Wir fahr'n in unser Sonnenhaus,
Tralli - Jucha Zaza.

Die Lischi sitzt im Wagen drin,
Bum, Bum, jochjoch, frz frz,
Wir beide, wir, wir sind aus Wien,
Poch poch, Krk Krk, prz prz.

Von der Muse geküßt

Wo wir auch sind, ist einerlei
Schlick, schlick, roll, roll, prall, prall.
Die Hauptsach ist, du bist dabei,
Witt witt, Hem hem,, schmall schmall.

Im Auto fahren, Busserl geben,
Heidi - juhu - nock nock,
Mein Gott, ist das ein schönes Leb'n,
Mein Schwager ist ein Schmock!

Nach einem Ausflug mit dem Raupenauto auf den Wallberg

Wir waren hier, geliebte Maus,
Auf dem schönen Wallberghaus.
Gestiegen sind wir hoch und viel,
Jedoch in einem Aupepiel.
Denn wenn nicht wär die Autoraupe,
Bekäm der Leoschi die Staupe.
Im Tale er dann bleiben müßte,
Nicht auf dem Wallberg er dich küßte.
So herrlich war es, unvergeßlich,
Doch das, was dran war unermeßlich,
Ich sag es frank, ich sag es frei:
Du Wunderholde warst dabei.
Zum Schluß ich nur noch bemerk:
Du warst viel schöner als der Berg!

Der großen Kollegin Elisabeth Schumann
nach einem Londoner Gastspiel

Hochgeliebtes Schumann=Woman,
Nimm von uns die teuren Bluman.

Denk an uns in holdem Denken,
Laß dir diese Blumen schenken.
Haben sie auch selbst bekommen,
Aber nicht mehr mitgenommen,
Weil sie sonst zugrunde gingen.
Dir soll'n sie noch Freude bringen.
Orchideen für die Brust!
Ich küsse dich in wilder Lust, -
Meine Elsa küßt dich milde.
So, jetzt biste ganz im Bilde.
Wir fahr'n weg, fahr'n nach Paris,
Großer Gott, wie ist uns mies.
Auch in Mailand und Bologna,
Vielgeliebte Schumann=Donja,
Gehet mir heraus die Gall.
Mies ist uns auf jeden Fall.
Geld besitzen, nicht mehr singen,
Nicht mit Schleim und Spucke ringen,
Das wär halt ein schönes Fressen,
G'sundheit ja nicht zu vergessen.
Im Auto fahren nach Sevilla
Ohne Forteton und Trillja,
Ohne Brustpian=Falsett,
Ach, wenn ich's erreicht schon hätt!
Leider heißt's noch lang sich schinden,
Sich im Lampenfieber winden,
Im leeren Saal die Leute zählen,
Auf hoher See sich kotzend quälen.
Kotzen in der Eisenbahn,
Ich mit Elsa - du allan.
Leb wohl, geliebtes Schumann=Woman,
Nimm von uns die teuren Bluman!

Nach einem großartigen Festessen bei Wolffs in Berlin

Blümlein traut, sprich für mich,
So inniglich!
Daß man wieder mich einladet,
Wo man schier in Kaviar badet.
Wo man so gut zu mir ist,
Wenn man auch noch soviel frißt.

Wo die Hausfrau so betamt,
Alles mit Gemüt umrahmt.
Wo das Bier in Strömen fließt,
Das man durch die Gurgel gießt.
Und der Schinken war ein Hund?
Lieber reich, doch nur gesund!

Ein heißer Wunsch entringt sich mir,
Guter Gott, darf ich ihn wagen?
Gib mir bei Wolffs noch einen Magen,
Ich geb dir meinen Bauch dafür,
Drum liebe Hausfrau, höre mein
Flehn und lad mich wieder ein!

Buchwidmung für Mia Werber
die entzückendste aller Geishas in Europa

Mia Werber ist ein Sturzel,
Klein ist sie und singt gar schön.
Von die Fieß zur Haareswurzel
Mißt sie einen Meter zehn.
Dennoch ist sie ganz normal,
Der Toches rund, das G'sicht oval.
Alles ist erstklassig hier,

Buchwidmung an Mia

Allewai gehört sie mir.
Dieses Buch, o liebe Mia
Werber, schenk ich gerne Dia.
Wie das Schicksal sich auch wendet,
Um sieben früh wirste geschändet.
Um sieben früh, geliebte Mia,
Da biste mein, da schänd ich Dia!
Aber nur poetisch und um des Reimes willen

In eines meiner Bücher, dem Sanatorium Weidner
für lesewütige und lachhungrige Gäste gewidmet

Wenn du ermattet bist vom Schwitzen,
Vom in der Badewanne Sitzen,
Von den heißen Leibkompressen,
Nichts zu trinken, nichts zu essen,
Von den Duschen. Wannenbädern ...
Setz dich auf den Stuhl, den ledern.
Lies dann dies mein Buch, o Gast,
Gönn dir diese kleine Rast.
Aus dem Buch erfährst du alles,
Liest von Seligkeit und Dalles,
Fährst nach Ländern überm Meer,
Kurz, du bildest dich gar sehr.
Ist dir ganz erheblich mies,
Nimm mein Buch zur Hand und lies.
Bist du mit dem Buch zu Ende,
Nimm ein Kärtchen in die Hände.
Schreibe mir, wie's dir gefallen,
Schimpfe nicht, - dies vor allen
Bitt ich dich, sei mir kein Hasser.
Denk nur lieb an den Verfasser.

Meinem Berliner Arzt Dr. Zehden in Dankbarkeit

Dem Beheber meiner Schmerzen
Danke ich hiermit von Herzen,
Trotzdem er mir hat aufgewiegelt
Mein Weib, das jetzt ganz ungezügelt,
Hemmungslos und wie besessen
Mir entziehet Trank und Essen,
Mit mir schimpfen tut und auch
Unschön findet meinen Bauch.

Doktor, du hast mir - o Zores -
Angetan gar viel Dolores.
Doch die Absicht und das Ziel
Waren gut, - drum schweig ich still.
Ich komme nun zu Zoff und Ende,
Obwohl ich noch viel Worte fände.
Ich schwör, trotzdem ich wütend koche:
Den Milchtag halt ich jede Woche!

Doch nun genug der miesen Reden.
Sei mir gegrüßt, o Doktor Zehden!

Mißgünstiger Vers auf den Eisenbeißer Breitbart

Seh ich den Breitbart Eisen beißen,
Füll ich mit Neid mich zum Zerreißen.
Jetzt braucht der Mann noch schön zu singen,
Bin ich gezwungen zum Zerspringen!

Heimkehr - mit Elsa

Das Märchen ist zu Ende nun,
Nach Haus wir beide fahren tun.
Es war ein Traum, ein schöner Traum.
Verflog so rasch, man merkt es kaum.
Begnadet war die kurze Zeit,
Entrückt von aller Wirklichkeit.
Mein Weib bei mir, mein Sonnenstrahl,
Die bei mir ist allüberall,
Der ich das Glück der Welt verdanke!
Es küßt dich heiß - Leo, der Schlanke.

Fünfzehntes Kapitel

WITZIGES, SPRITZIGES SLEZAKISTISCHES

Meine Bescheidenheit verbietet mir zu sagen, daß ich nur gute Witze erzähle. Ich erzähle auch schlechte. Wenn dann die Leute drüber lachen, ist es ihre eigene Schuld. Ich könnte es ja auch so machen wie andere approbierte Witzeerzähler, die sich dieselben ausborgen und solche Witze erzählen, die bereits Moses den Kindern Israel bei ihrer Flucht aus Ägypten erzählt hat, um sie aufzukratzen. Oder solche, die vor vielen Jahren in den »Fliegenden Blättern« gestanden haben und längst vergessen sind.

Solchem Brauche will ich entraten und habe mir geschworen, nichts Geborgtes, sondern nur Eigenes zu bringen.

Es ist mir nicht möglich, meinen besten Witz zu beschreiben, denn mir gefallen sie alle, weil sie von mir sind. Wenn Neider, Lieblose und Unfreundliche behaupten, daß sie ebenfalls - wie oben erwähnt - bereits bei der Hochzeit von Kana die Gesellschaft angeödet hätten, lasse ich mich dadurch nicht beirren.

Eine kleine Probe: Es stellt sich einer dem andern vor. »Gestatten, mein Name ist Gotthold Ephraim Platz!«

»Ah, dann sind Sie vielleicht ein Verwandter von dem berühmten Markusplatz in Venedig?«

Also bitte, ist der vielleicht alt? Oder kennen Sie die Geschichte vom Edison?

Es war in Brünn. Zwei Freunde begegnen einander.

»Grüß dich Gott, Jelinek!«

»Servus, Womatschka!«

»Was sagst du zu dem Edison?«

»Zu was für einem Edison? Was ist mit ihm? Der Cafetier vom Kaffeehaus Edison?«

»Aber nein, nicht der Cafetier, der Erfinder!«

»Was für ein Erfinder?«

»Ja, hast du denn noch nie etwas von dem Erfinder Edison gehört?«

»Was hat er erfunden?«

»Also, paß auf: ehe die elektrische Kraft entdeckt wurde, mußten wir unsere Gemächer doch mit Petroleumlampen beleuchten. Als nun die elektrische Kraft entdeckt wurde, hat dieser Edison die köstliche Glühbirne erfunden, welche uns das bekömmliche elektrische Licht spendet.«

»Und der ist gestorben?«

»Jawohl, derjenige ist es!«

»No, wenn schon - da werden wir halt wieder mit Petroleumlampen auskommen ...«

Noch ein Witz, der aber eigentlich gar keiner ist, weil er nämlich in der bösen Zeit des zweiten Weltkrieges spielt, wo Witze behördlich verboten waren.

Ort der Handlung: ein Kaffeehausgarten. In der Umgebung von Prag an einem idyllischen Flußufer. Die letzten Gäste sind gegangen. Das Besitzerehepaar macht Kassa und Feierabend.

Zu diesem Behufe nehmen sie ihr Radio, stellen es zwischen die Betten und klettern in diese. Decken sich und das Radio mit allen zur Verfügung stehenden Plumeaus und Kissen zu, um den Schall abzudämpfen und hören England.

Plötzlich dröhnt es an der Haustüre. Eine rauhe Stimme ruft: »Aufmachen, sofort aufmachen!«

Schlotternd öffnet der erschrockene Mann und fragt, was denn geschehen sei.

»Du gehst mit. Du hast England gehört!«

»Um Gottes willen, du wirst mich doch nicht anzeigen und mich unglücklich machen, Frantisek!«

»Hilft nix, du hast England gehört!«

»Aber schau, Frantischku, wir sind zusammen in die Schule gegangen und sind seit vierzig Jahren befreundet. Du wirst mich doch nicht dem Gefängnis überantworten.«

»Also, ich werde dir etwas sagen. Ich werde dich nicht anzeigen, aber einen Rat will ich dir geben. Wenn du das nächstemal wieder England hörst, mußt du im Garten deinen Lautsprecher abstellen!«

Weil ich ob meines Humors berüchtigt bin, habe ich bei Zeitungsleuten den Eindruck erweckt, daß ich auf die blödesten Fragen die blödesten Antworten gebe.

Ich werde gefragt: »Wenn Sie Theaterbesitzer in Berlin wären, mit welchem Stück würden Sie die Saison eröffnen? Welchem Künstler und welcher Künstlerin würden Sie die Hauptrolle übertragen? Welche Eintrittspreise würden Sie vom Publikum verlangen?«

Ich antworte: »Wenn ich ein Theaterdirektor in Berlin wäre, würde ich vor allem einen Gasschlauch in den Mund nehmen und aus diesem Leben scheiden. Sollte das nicht zu machen sein und ich dennoch Theaterdirektor bleiben müssen, würde ich zuallererst dem Unfug ein Ende machen, daß die Reisenden der Untergrundbahn, der Elektrischen und Omnibusse, die Leser aller Zeitungen, Rundfunkhörer und durchreisende Ausländer mit Kinderkarten für 50 Pfennige auf Orchesterfauteuils ins Theater gehen.

Die Saison würde ich mit einem Zugstück eröffnen, wo sich die Leute im Andrang bei den Kassen gegenseitig bekämpfen, um ein Billett zu bekommen.

Engagieren würde ich vor allem mich als singenden Chefkomiker, ferner meine Tochter Margarete als Primadonna und meinen Sohn Walter als berühmten Auslandsstar, damit ich meine Kinder bei mir habe.

Eintrittspreise würde ich sehr hohe verlangen, damit ich schneller reich werde als die anderen Theaterdirektoren. Aber ich fürchte, daß der oben erwähnte Gasschlauch doch die einzig richtige Lösung des Problems wäre.«

Ich werde gefragt: »Treiben Sie Sport, und wenn nicht, warum?«

Ich antworte: »Gerne triebe ich Sport, aber die Angst, mich dabei zu erkälten, absagen zu müssen, wenn ich auftreten müßte, Geld zu verlieren und die Schwingen des Pleitegeiers über meinem Haupte schwirren zu hören, hielt mich immer davon ab.«

Das ist für die lieben Leser, - aber im Vertrauen sage ich Ihnen, daß ich zu faul bin und allem, was nur nach Bewegung oder Sichrühren schmeckt, gewissenhaft aus dem Wege gehe. Es ist ein Fehler - ich weiß - aber wer ist fehlerlos? Dafür sammle ich Briefmarken, fotografiere leidenschaftlich und bin im großen ganzen ein braver, guter Mensch. Dies zu meiner Entschuldigung!

Ich werde gefragt: »Warum singen die Prominenten Operetten?«

Ich antworte: »Erstens macht es einem Freude, nicht immer im letzten Akt an gebrochenem Herzen sterben zu müssen und in Verwesung überzugehen.

Ferner ist man selig, wenn man nicht wie immer in der großen Oper in diesen Bombenrollen sein Eingeweide zum Antlitz heraushängen hat vor Anstrengung, sein Brot leichter verdient und ein wenig fidel sein darf.

Drittens und letztens ist das schwerwiegendste Moment - der Macherlohn, der durch das Ensuitesingen intensivere, ausgiebigere Schlagkraft bekommt. Der wundervoll schnöde Mammon!«

Ich werde gefragt: »Welches war Ihr erster Durchfall?«

Ich antworte: »Es ist eigentlich eine Unklugheit, seine Blößen preiszugeben und seinen Nimbus zu gefährden; aber was tut man nicht alles, um die Neugier der Leser zu befriedigen!

Es war Silvester, vor vielen Jahren. Ich wurde von Ben Tiber, dem damaligen Direktor des Varietés Apollo eingeladen, sein Silvesterprogramm mit Humor zu würzen. Ich sagte zu, daß ich ein Kapitel aus meinen 'Sämtlichen Werken' lesen werde. Denn kurz zuvor hatte ich ein Gedicht meines Schauspielerkollegen Otto Sommerstorff bekommen, demzufolge meine Bücher Lacherfolge zu verzeichnen hätten. Urteilen Sie selbst:

'O Sänger, teuerster Sänger mein,
Sie werden es freundlichst entschuldigen,
Ich kann die Tinte nicht halten, nein,
Ich muß Ihnen heute huldigen.
Warum grad heute? Gestatten Sie,
Daß ich erläuternd bemerke:
Die Sache nämlich ist einfach die,
Ich las Ihre ‚Sämtlichen Werke'.
Ich las sie für mich und las sie vor,
Wir alle schwammen in Wonne.
Ihr göttlicher liebenswerter Humor
Erfüllte das Herz uns mit Sonne.

Nur freilich - ich sag es offen und frei,
Nichts währt ja länger als ehrlich -
Ist eine Schattenseite dabei,
Bei so viel Sonne erklärlich.
Erlebt man beim Lesen einerseits
Die allerköstlichsten Stunden,
Ist anderseits man - o prickelnder Reiz -
Mit Lebensgefahr verbunden.
Denn manchmal kriegt man den heftigsten
Erstickungsanfall vor Lachen -
Und so was kann auch dem Kräftigsten
Urplötzlich den Garaus machen.
Man braucht nicht gerade ängstlich zu sein,
Doch läßt es sich kaum verhehlen.
Es würde sich ein Lektürschutzverein
Bei Slezaks Werken empfehlen.
Man lacht sich krank, man lacht sich gesund,
So wirkt kein Schiller, kein Goethe.
Wie sagt doch Horaz: aut prodesse volunt,
Aut delectare poetae.'

Soll einem so etwas nicht den Glauben an den 'lächerlichen' Erfolg des verzapften Humors stärken? Meine Zusage gab Ben Tiber Veranlassung, zum Mißbehagen der Hofoperndirektion zu annoncieren: Leo Slezak tritt am Silvesterabend im Apollo als Komiker auf!

Ich kam um halb eins, also schon im neuen Jahr an die Reihe. Die Leute waren in bester Stimmung. Vor mir waren Armin Berg, Max Brod, Hansi Niese. Und nun kam ich als Komiker! Die Leute begrüßten mich sehr stürmisch und lachten schon aus vollem Halse bei meinem bloßen Erscheinen, quasi als Vorschuß auf das Lustige, was sie von mir erwarteten. Ich setzte mich würdig an den Tisch und begann zu lesen.

Die Gesichter der Menschen wurden immer länger. Man scharrte mit den Füßen, rief ungeduldig: 'Lauter, - wir hören nichts!' Ich fühlte, wie die Leute, die der Wein und die wirklichen Komiker in Stimmung gebracht hatten, sich um ihre gute Laune betrogen sahen. Ich las schnell und immer schneller, übersprang ganze Absätze, denn eine innere Stimme sagte mir: 'Bald aufhören, bald verschwinden, Leo!'

Knapp bevor ich Schluß machte, gellte ein Pfiff. Und man verlangte mit lauter Stimme die Gralserzählung, die Aidaromanze und Othellos Tod zu hören. Ich merkte, die Leute wollten durchaus lachen, verbeugte mich und war draußen.

In der Kulisse erwartete mich Ben Tiber, gab mir mein Macherlohnkuvert und sagte: 'Vom Singen versteh ich nix, aber eins steht fest - Komiker sind Sie kaner, und dem Knepler, der Sie mir als humoristische Attraktion eingeredet hat, sage ich morgen gründlich meine Meinung.'

So fiel ich durch - einmal erst in meinem Leben. Hoffentlich bleibt's dabei.«

Ich werde gefragt: »Was wird das neue Jahr bringen?«

Ich antworte: »Wieso man mich das fragt, weiß ich nicht, aber ich nehme an, weil ich in der Oper den 'Propheten' singe, glaubt man, daß ich auch im profanen Leben die Gabe eines prophetischen Gemüts besitze.

Meine Prophezeiung soll ganz unpolitisch sein, quasi durchs Sektglas gesehen. Unpolitisch wird sie sein, weil ich von Politik nichts verstehe. Durchs Sektglas in die Zukunft zu sehen, ist mir aber auch nicht möglich, weil ich keinen Sekt trinke. Erstens, weil er mir nicht schmeckt, und zweitens, weil ich ihn nicht vertrage.

Also, ich will die Zukunft durch ein Bierglas mit köstlichem Pilsner gefüllt betrachten und als moderner Pythius - Masculinum für Pythia - mit geschlossenen Augen, konvulsivisch zuckend, einige Worte von mir geben.

Das Theater! Also, da sehe ich nur Gutes. Im nächsten Jahr werden alle Theater derart gesteckt voll sein, daß es jedem Apfel schwer fallen wird, zur Erde zu fallen. Wenn dann ein Theaterkassier an der Kasse stirbt, wird man nicht erst darauf kommen, bis er eine Mumie ist, sondern sofort. Die Schauspieler und Sänger werden sich vor Engagements nicht retten können, die Intendanten und Direktoren antichambrieren lassen und nach Nummern, die sie der Reihe nach ausgeben, vorlassen. Besonders die Tenoristen, singenden Komiker und Filmstars - Abteilung für Darsteller alter Idioten - werden eine Hausse erleben, wie sie lächerlicher nicht mehr gedacht werden kann, das Geld scheffeln und daran ersticken.

Die Freikarteninhaber werden die Vorstellungen und jeden einzelnen Darsteller herrlich finden, zum Unterschied vom vergangenen Jahr, wo sie die einzigen, grausamsten Nörgler und Miesmacher waren.

Der Rundfunk wird jedem Mitarbeiter sein Honorar um acht Prozent erhöhen, statt ihm wie bisher acht Prozent aus einem unerfindlichen Grunde abzuziehen. Das wird herrlich!

Über das, was im Bereiche anderer Berufe geschehen wird, kann ich nichts sagen, da ist mein Blick durch Mangel an Verständnis getrübt, aber in puncto Theater und Film bin ich kompetent, und da ist meine Prognose bestimmt richtig.

Im Film sehe ich einschneidende Veränderungen. Da ist vor allem einmal das Warten abgeschafft; wenn man um 9 Uhr früh drehfertig im Atelier ist, so kommt man nicht, wie bisher, erst um 7 Uhr abends dran, sondern schon gegen 4 bis 5 Uhr nachmittags. Also, auch da sehe ich nur Gutes, nur Fortschritt!

Sollten sich unter meinen Lesern Psychiater finden, die auf Grund meiner Prophezeiungen den Entschluß fassen, mich in einen Luftkurort für Plemplemiten bringen zu wollen und mich daselbst die Erfüllung meiner Wahrsagungen abwarten zu lassen, so möchte ich, um dieses zu verhüten, schon jetzt sagen, daß ich mich vielleicht auch irren kann und meine Vorhersage nicht unbedingt eintreffen muß. Aber wenn es alles eintrifft, dann wird es schön, das steht fest!

Und jedenfalls geht es im neuen Jahr besser, geht es vorwärts, geht es aufwärts! Prost!«

Man schreibt mir: »Anbei senden wir Ihnen ein belehrendes Kochbuch. Was haben Sie uns Kritisches dazu zu sagen?«

Ich antworte: »Ich habe die Kochrezepte eingehend geprüft und die Gerichte im Geiste sämtlich gegessen.

Einzelne dieser Gerichte herauszugreifen und diesem

oder jenem den Vorzug zu geben, bin ich nicht imstande. Ich kann nur sagen, daß mir beim bloßen Lesen das Wasser in derartigen Mengen im Munde zusammenlief, daß man eine mittelgroße Wasserleitung damit speisen könnte.

Daß Sie gerade mich als Kritiker von Kochrezepten aus=erwählen, ist ein Zeichen, daß Sie mich für einen Fresser halten, der in lukullischen Fragen kompetent ist. Leider ist dies nicht der Fall, und Sie haben mir, ohne es zu wollen, Tantalusqualen vermittelt, die an Grausamkeit alles bis=her Dagewesene in den Schatten stellen.

Noch bin ich Sänger, Tenor, der in jeder Oper geliebt wird. Um dies glaubhaft erscheinen zu lassen, darf ich nicht dick sein. Ich bin es aber. Das heißt, ich wäre es, wenn ich mich nicht kasteien und den ganzen Tag hung=rig herumlaufen würde, daß mir aus Erbarmen über mich die Tränen das Antlitz durchfurchen.

Und ausgerechnet mir senden Sie Kochrezepte - zur Be=gutachtung! Nun können Sie ermessen, welch ein edler Charakter ich bin, daß ich dennoch diese begeisterte Kritik zu schreiben vermag. Geben Sie diesen Aufschrei Ihren Lesern wieder, damit sie ein gerührtes, aber vornehmliches Hoch auf mich ausbringen angesichts dieser meiner un=wahrscheinlichen Gutherzigkeit.«

Ich werde gefragt: »Welcher Ort der Welt ist der schönste?«

Ich antworte: »Mein kleines Haus am Tegernsee ist schöner als Venedig, Salzburg, San Franzisco und Holly=wood zusammengenommen. Ich habe die ganze Welt ge=sehen und viel Schönes besichtigt, aber schöner als der Markusplatz und der Prater und die Havelseen ist mein Zimmer, wo mein Kanari herumfliegt, sich auf meinen Kopf setzt, in meinem Trinkwasser badet und meine kost=

baren Manuskripte bespritzt. Wo mein Paperl sein ganzes Repertoire aufsagt: 'Gute Lora - brave Lora, Papagei, guten Morrgen!' Meine geliebten vier Wände, die mir das Gefühl unbedingten Geborgenseins geben. Fremde Länder und Städte sind köstlich, der Erfolg und der Applaus sind herrlich, aber nichts ist so schöne Musik wie das Rauschen des Windes in 'meinen' Bäumen, wie das beglückte Bellen meiner Hunde und das Zwitschern der Vögel in meinem Garten.

Gewiß - es ist überall schön in der Welt. Aber daheim ist und bleibt es am schönsten!«

MEIN GRETERL, MEIN WALTER!

Trotz aller Wortbrüche, Rückfälle und humorigen Versicherungen, den Schlußakkord geschrieben zu haben, will ich wieder zur Feder greifen.

Diesmal ist es die schwerste Seelennot, die mich dazu bestimmt. Vor zwei Jahren ist mein geliebtes Weib von mir gegangen. Ohne Halt und Mut zum Leben habe ich bis jetzt vegetiert. Nun ist mir die Erkenntnis gekommen, daß alles so geschehen mußte, daß mich der liebe Gott nicht verlassen hat, sondern mich auch durch dieses grenzenlose Weh dorthin führt, wo die Erfüllung liegt und worauf es schließlich und endlich ankommt. Jetzt weiß ich: sie ist mir nur vorausgegangen, um mir als die Vollkommene und mich seelisch Überragende den Weg zu bereiten zu unserem endgültigen Zusammensein in der Ewigkeit.

Was sind einige Menschenjahre - und mögen es ihrer noch so viele sein - gegen die unendliche Ewigkeit? Dort ist das endgültige, das unausdenkbare Glück, die Vereinigung zweier Menschen, die zusammengehören, die füreinander geboren sind und die kein Tod zu trennen vermag.

Wie lange ich noch hienieden bleiben muß, bis sie mich holen darf, - wann es so weit ist, bis ich ihrer würdig bin, ich weiß es nicht. Jederzeit bin ich bereit, mit Freuden be=

reit, weil ich weiß, daß dieser letzte Abgang den Eingang zu unvorstellbarer Glückseligkeit erschließt.

Diese Zeit gilt es zu überbrücken.

In dieser meiner Einsamkeit will ich all das noch einmal erleben, was ich an ihrer Seite, an ihrem Herzen erleben durfte.

Ob es etwas wird, weiß ich nicht, das ist auch ganz egal. Es ist für Euch bestimmt, für Euch zur Erinnerung und mir zur Erleichterung.

Meine geliebten Kinder, ich danke Euch aus übervollem Vaterherzen, daß Ihr so gut zu mir seid, daß Ihr mich liebhabt, mir mein Herzweh tragen helft und alles, was Ihr mir an den Augen absehen könnt, zu geben versucht. Ihr seid ihre Kinder, Ihr könnt nicht anders sein. Gott wird es Euch lohnen.

Das, was ich hier schreibe, soll Euch, meine lieben Kinder, nur das Bild eines unsagbar schönen Lebensmärchens geben, das mir ihre Hand bereitet hat. Ein selten reiches Leben ging an mir vorüber, und alles, was es an Schönem, Liebem und Herrlichem darinnen gab, hat sie mir geschenkt. Sie war die größte Gnade Gottes, die einem Menschen zuteil werden konnte.

Was hätten all die wundervollen Gaben, die mir der liebe Gott in seiner Allgüte schenkte, meine Stimme, mein Talent und alles andere, was hätten sie mir genützt, wenn sie nicht in liebender Fürsorge, einem so künstlerischen Feingefühl, einem tiefen Ernst und dem restlosen Aufgehen in mir und meinem herrlichen Beruf von ihr gepflegt und behütet worden wären.

Immer war sie mein künstlerisches Gewissen, das mich in meiner Arbeit nicht erlahmen ließ. Alles, was ich im Leben erreichen durfte, danke ich ihr.

Von diesem Leben will ich Euch nun erzählen und mich zurückerinnern an die wunderholde Zeit, wo ich meinen Abgott noch hatte, wo ich ihr noch jeden Tag danken durfte, daß sie da war; daß es so etwas gab, wie sie es war, und daß so etwas ein scheinbar langes und doch - ach - so kurzes Menschenalter hindurch mir gehören durfte. Aus übervollem Herzen danke ich dem lieben Gott für diese Gnade.

Euer Vater

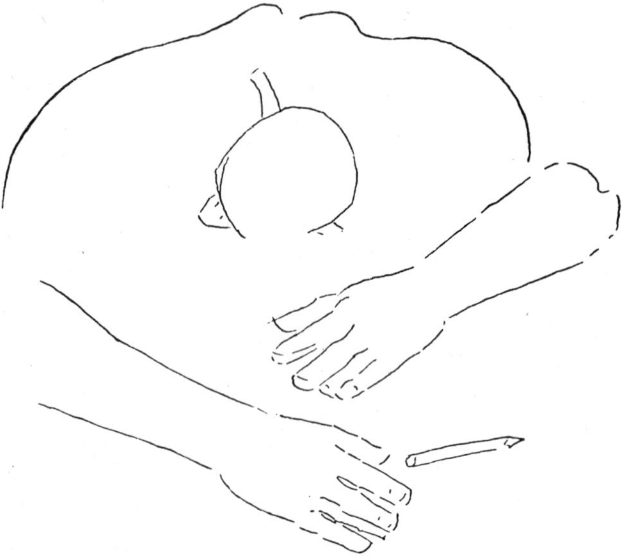

HERREJESUS — — –
DER SLEZAK IST GESTORBEN
DER BEGABTESTE UND GÜTIGSTE
VON UNS ALLEN.
SO HAST DU ENDLICH HEIMGEKONNT
SO HAST DU AMWENIGSTEN DEN FRIEDEN
DEIN ALTER OLAF

INHALT